肯定會有更好的答案

——創造最佳結果的具體方法

SERI CEO / spinkre
著名講師

申丙澈　著
李會卿　譯

前言
問題遲早會有答案

　　據說，常春藤盟校在面試留學生的時候，一定會看三點。一是有沒有實力，二是有沒有發展前景，三是有沒有耐心。

　　第一點和第二點可以理解，不過第三點有些特殊。常春藤盟校選拔的是最優秀的人才，可是這些學校居然認為「耐心」很重要。筆者在韓國的任何一所學校都從未聽說過這種選拔標準。不過只要仔細想一下，就會明白這些學校為什麼會將「耐心」視作不亞於實力和發展前景的一項選拔標準。因為如果不忍耐，就無法獲得結果。

　　電影導演克里斯多夫・諾蘭（Christopher Nolan）的電影作品《星際效應》吸引了數千萬觀眾，這部作品中的飛船就叫做「Endurance」號（編按：Endurance 有「耐性」之意）。南極探險家薩克里頓（Ernest Henry Shackleton）是歐洲最受尊敬的領導人之一，他的大船也叫「Endurance」號。征服宇宙和探索未知世界是一個無比困難而艱險的過程。必須要有實力，還要有希望。但是在這背後，還必須要有耐心。因此，探索宇宙和未知世界的人們把飛船和大船命名為「Endurance」，再次表明自己堅強的毅力。

　　偉大的功績背後常常有忍耐的身影，因此常春藤盟校在選拔學生的過程中也會看耐心。學習也需要耐心。因為重要的結論無法輕易得到證明，要想證明自己沒有錯，就必須付出巨大的努力。

　　筆者之所以舉常春藤盟校選擇人才的方式和探險的故事做例子，是因為它們與本書要講的內容一脈相通。不論你身處團體之中，還是在日常生活中，都是在不斷地解決某件事情或某個問題。但問題是，我們必須在有限的時間和資源內找出最佳結果。在這樣一個並不容易的過程中，大部分的人都止步於「這樣就行了」。在需要下定決心「堅持到底」的時候，就會疲憊地退出——儘管只要忍過那一時的痛苦，就能獲得更好的結果。

　　希望讀者們能將本書看做是：一本幫助各位處理各種事務而且可以更容易堅持到底的書。各位可以從中找到應該如何獲得想要的結果，如何更輕鬆地說服別人，如何得到更好的成果。為了找到這些問題的解決方法，筆者不僅分析了從行為心理學到認知科學的各個領域的著名研究結果，還查閱了最近的研究論文。因為將學術上的研究內容體現在實踐中，才能寫出現有的知識中最為精煉、最經得起檢驗的內容。

　　本書最大的目標就是將這些內容加工成在企業和日常生活中對人們有用的內容，並以一種簡單的方式加以傳達。筆者想要告訴讀者的並不是技巧。在達成目標、行為設計、賦予動

機、說服、協商等我們不曾意識到卻每天都在接觸的領域，有
一些可以運用的實踐經驗和知識。筆者想要告訴讀者的，正是
在此基礎上獲得的具體方法。

　　本書所涉及的內容是筆者在 SERICEO 講授課程《更好的
答案》的內容。那些在尋找更好的答案的實踐者和企業家經常
告訴我，這門課程對他們很有幫助；也有一些有意志力卻發愁
不知道方法的人回饋說，這門課程上有很多與實踐相聯繫的有
用素材；有的人以這門課程上的內容為基礎，試著進行一些細
微的改變，而銷售量真的有了很大的提高；這門課不僅給一些
聽課者的工作帶去了不同，在日常習慣等方面也帶去了變化。

　　現在，為了與更多的讀者分享這些方法，筆者出版了本
書。從想要改變小習慣的人，到活躍在市場中的經濟實踐者，
那些每天都在為獲得「更好的答案」而奮鬥的各位讀者們，願
本書能帶給你們力量和勇氣。

　　　　　　　　　　　　　　　　　　　　申丙澈

目錄

3. 習慣的力量——習慣決定結果

II.丨 喜歡就投入其中

賦予動機　motivation encouraging

4. 鼓勵的作用

III. | 贏得好感，就能打開心扉

說服大眾　mass persuasion

7. 自信帶來好感

I.

行動帶來結果

開始行動　behavioral priming

想法發生改變後，人生也會隨之發生改變嗎？
只有有意識的行為才會帶來結果。

　　人總是會下定無數的決心，戒煙、戒酒、運動、減肥、學習、考證照等。可是達成目標的比率卻比想像中要低，很多時候都是三分鐘熱度。

　　根據英國赫特福德大學教授理查・懷斯曼（Richard Wiseman）的研究 ①，英國人確立目標後達到預期目標的比例比想像中要低。2007 年，他針對 3000 名志願者達成新年目標的情況進行了調查。調查初期，有 58%的志願者都表示有信心完成目標，但是實際達到預期目標的人僅有 12%。也就是說，有 88%的志願者在中途放棄目標或最終宣告失敗。因此，人們都是根據自己的需要下決心，但是達成目標的比率卻比想像中要低。

　　為什麼會出現這種情況呢？因為人們雖然下定了決心，卻沒有把這種決心付諸一貫的、有系統的行動。剛開始的時候，所有人都會制訂系統性的計畫，朝著目標方向努力，但是過一段時間，就會遇到各種預料之外的難題。會出現某些狀況，還會招來周圍人的嫉妒，會變得忙碌或出現新的日程。人們有一百多種理由「無法做那件事」。克服這些困難的人約有 12%，而放棄的人約有 88%。

　　為什麼呢？即使你下定了決心，如果無法伴隨著可以完成目標的系統性行動，那就什麼都不是。重要的不是決心，而是行動。行動的效果很明顯。因為我們不是按照決心（意識）來生活的，而且按照行為（物質）來生活。比如說堅持運動的

話，運動能力就會越來越好；堅持練習樂器的話，演奏水準就會逐漸提高。如果養成睡很久的習慣，睡覺的時間就會越來越長。開始犯懶以後，就會一直犯懶。如果朝著某個特定的方向不停地做某種行為，以後的行為就會變得不同。根據這個觀點，我們可以設定如下假說：

不斷學習，能力就會越來越好。
不斷戒煙，就能戒掉吸煙的習慣。
不斷戒酒，就能戒掉喝酒的習慣。
不斷減肥，體重就會降低。

這些假說是否正確呢？從結論來看是正確的。也就是說，重要的不是下定決心學習這件事，而是學習這種行為。同樣，比起下定決心要戒煙這件事來說，更重要的是實際採取行動去戒煙。

很多學者都曾從社會心理學、認知心理學、消費者行為的角度研究有助於人們下決心並付諸實踐的方法。根據他們的研究，一定有方法可以克服人們在下定決心後行動時遇到的小問題。例如，誘發效果（priming effect）、一致性效應（consistency effect）、對比效應（contrast effect）等。人們根據各種因素調節行為和想法。人們通過相對價值理解事物、行動並形成態度，而非通過掌握絕對價值來實現這些。

　　本書在第一章中嘗試通過介紹與調節行為相關的各種研究結果，探索在社會和生活中的啟示和運用方法。不管有多好的條件，如果不花力氣去運用這些條件，又有什麼用呢？如果你以前只是在不停地下決心，那麼現在你必須成為一個實際行動起來的人。制訂好計畫，如果沒有具體行動，就沒有意義。為得到想要的結果而開始採取細小行動的話，想法、感情和以後的行為得到強化，就可以改變實際的結果。

思想的支配者——行為

戰鬥機模擬器甚至改變了視力

我們先來看一個有趣的研究結果。

哈佛大學心理學家艾倫・南格（Ellen Langer）帶領研究團隊 ② 進行實驗，觀察了模仿戰鬥機駕駛員的行為會帶來什麼結果。研究團隊首先把 19 名預備士兵分成兩組，並告訴他們，從現在開始要進行一項非常重要的戰鬥機模擬器測試。然後，讓 A 組士兵乘坐戰鬥機模擬器，並實際進行戰鬥機模擬測試。與此相反，在 B 組士兵登上戰鬥機模擬器，想要進行戰鬥機模擬測試的時候，告訴他們模擬器發出嗡嗡聲，出現了故障，所以只是讓士兵們參觀了飛機內部和駕駛席。之後分別測量了兩組士兵的視力。究竟會出現什麼樣的結果呢？

A 組模仿駕駛員進行了實際操作，有 40% 的組員視力有所提高。相反，B 組只是參觀了駕駛室內部就離開了模擬器，視力也沒有任何變化。這個結果證明，不同的行為會給身體帶來不同的變化。為什麼會出現這樣的結果呢？

親身進行戰鬥機類比時，會特別注意顯示戰鬥機內部資訊的螢幕。對方是敵軍還是我軍，應該攻擊哪裡，如何甩開敵軍

的攻擊——這些問題需要瞬間觀察並作出判斷，因此駕駛員所有的注意力都集中在螢幕上。雖然 A 組只是進行模擬，但是他們實際進行了駕駛飛機的操作，注意力集中在螢幕上，因此有40%的人視力都有所提高。與此相反，沒有進行任何操作的B 組組員沒有任何變化，甚至有部分受測者的視力下降了。

圖表 1   是否進行戰鬥機模擬和視力提高的比例

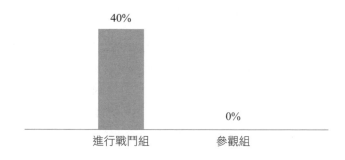

這項研究結果表明的資訊有著重要意義。小行為發生變化後，視力提高了，越過了思想，直接獲得了物理性的效果。這個有趣的研究結果展示了「小行動」帶來的「大影響」。根據這個研究結果，思想和行動哪個更重要呢？當然是「行動」。

我們來看看生活中的故事。做不了伏地挺身的人怎樣才能做好伏地挺身呢？關鍵在於慢慢練習。一開始會很累，但是只要自己給自己動力，反覆練習就能做好了。想要帥帥地彈吉他的人怎樣才能提高彈奏水準呢？很重要的一點還是慢慢練習。重要的不是下決心，只要朝著希望的方向行動，有了行動目標

才能達成。行動帶來的影響力是最關鍵的。行動支配思想，甚至會影響到以後的行為。用一句話來說——現在在想什麼並不重要，現在在做什麼才更加重要。

點點頭，想法都會不一樣

行為改變思想，把這個觀點運用在消費者的購買現象中，會得到什麼效果呢？加利福尼亞州立大學的蓋爾·湯姆（Gail Tom）教授所帶領研究團隊 ③ 發現，點頭可以提高人們對特定物件的好感度。研究團隊將 120 名實驗對象分成兩組，播放音樂的同時，讓 A 組的受測者自然地伴隨著節奏上下點頭。上下點頭一般意味著「Yes」，也就是說，讓人們伴隨著節奏點頭的要求就跟「Yes」聯繫起來了。相反，B 組受測者被要求放空思維，只集中於音樂的節奏，左右搖頭。左右搖頭意味著「No」。這個實驗的核心就是在放空思想的狀態下，讓實驗對象做不同的動作。一組上下點頭，另一組左右搖頭。

然後在播放音樂的過程中，在每一組受測者面前放一張書桌，桌上放著藍色或酒紅色的彩筆。這就讓受測者在做無意識行為時看到了筆。

在音樂停下以後，讓參與實驗的所有人都聚集在書桌前，然後提到各種顏色的筆，讓受測者選擇自己喜歡的筆。究竟會出現什麼樣的結果呢？

A 組是上下點頭，也就是做出意味著「Yes」的動作，這組受測者中有 75%的人選擇了聽音樂時看到彩筆。與此相反，B 組是左右搖頭，也就是做出意味著「No」的動作，這

組受測者中有 73%的人選擇了聽音樂時沒有看到的彩筆。雖說只是上下點頭，卻讓人更加喜歡自己當時看到的彩筆。為什麼呢？這是因為在做「Yes」的動作時，人們會對看到的產品形成正面的態度；而左右搖頭時，人們會對看到的產品形成負面的態度。這個實驗雖然簡單，卻可以讓我們瞭解到一個十分有趣的事實。僅僅是上下點頭或左右搖頭，就會讓人們對某個物件的喜愛程度有天壤之別。

圖表2 「Yes」和「No」動作帶來選擇筆上的差異

	提到的筆	沒有提到的筆
點頭（Yes 動作）	75%	27%
搖頭（No 動作）	25%	73%

通過這個研究結果我們可以知道，行為可以明顯改變我們對某個事物的喜歡程度。僅僅是點頭這樣的小動作，就會對人們的態度和感情產生影響，從而讓人們接下來的想法和行為產生變化。從行為的影響力來看，這是一個十分重要而有意義的結果。如果先讓對方做出一個「Yes」的行為，那麼在接下來的邀請中，對方回答「Yes」的機率也會提高。

思想可以被操控嗎？

南衛理公會大學的丹尼爾・霍華德（D. Howard）[④] 做了一個十分有趣的研究，探索直接行為對下一次行為會產生什麼

影響。霍華德從電話簿上隨機選擇實驗對象，並給對方打電話。他告訴對方，他們是一個救助棄嬰的團體，購買餅乾可以為兒童救助做出巨大的貢獻，然後問對方能否為了孩子們購買他們的餅乾。這時，在說出最後的用意之前，他對接到電話人中的一半提出一些與本意無關的問題，這些問題能夠誘導對方做出肯定回答。例如，他會問「您今天心情怎麼樣？」「今天天氣很不錯吧？」之類的問題。在聽到這些問題時，實驗對象大部分會做出積極的回答，回答「挺好的」「還不錯」等。在面對與最終目的完全無關的提問時，實驗對象下意識地說出了「Yes」。與此相反，他在給另一半的人打電話時，電話一接通，他就給對方推薦可以為救助棄嬰做出貢獻的餅乾。那麼這兩組之間會出現什麼樣的差異呢？

圖表 3　事先是否有「Yes」行為所對應的餅乾購買率

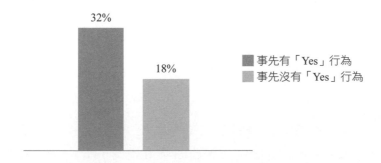

兩組之間出現了近兩倍的差異。被提問「您今天心情怎麼樣」時回答「挺好的」，從而做出小小的「Yes」行為的實驗

對象中，有 32%的人同意購買餅乾，而另一組被直接要求購買餅乾的實驗對象中，只有 18%的人同意購買。接受度是 32 比 18，購買率也出現了近兩倍的差異。那麼這兩個對照組之間有什麼區別呢？只有事先是否有「Yes」行為這一點。行為上的「小不同」帶來了結果上的「大不同」。

霍華德這個研究的關鍵並不是操控接電話的人的「思想」，而是操控了他們的行為。事先誘導人做出的「Yes」小行為，可以影響這個人的思想和行為，從而誘導出更大的「Yes」行為。只是因為事先有過「Yes」行為，下一個行為也繼續進行「Yes」行為。而且成功率足足提高了近兩倍。

圖表 4　　事先是否參與了問卷調查和相應的活動參加率

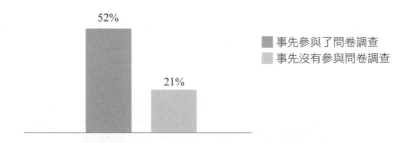

這一次，我們來看看在法國進行的一項類似的研究。法國南布列塔尼大學的梅奈利（Meineri）和蓋岡（Guéguen）⑤ 邀請當地的居民參加節約能源活動。在對其中一組的居民發出邀請之前，先打電話對他們進行了一個簡短的節能問卷調查；而對其他居民並沒有進行問卷調查，直接邀請他們參加節能活

動。這項實驗也是研究在做出最後的邀請之前，測試讓部份居民做出小小的肯定行為，對消費行為會產生什麼影響。結果會是怎樣呢？

　　有趣的是，研究結果和前面霍華德的實驗結果差不多。事先參與了電話問卷調查的居民中，有 52% 的人參加了節能活動，而沒有參加問卷調查的居民中，只有 21% 的人參加了節能活動。在發出邀請之前接受了電話調查的居民，參與度顯著更高。52 比 21，接受度足足高了近 2.5 倍。是什麼原因帶來了這個結果呢？事先的行為不同，之後的行為也會不同。

　　我們來整理一下。如果想要把對方朝著自己想要的方向引導，應該用什麼方法呢？那就是先讓對方做出自己想要的動作。如果你想要對方做出「Yes」的行為，就要先引導對方做出小的「Yes」行為。比如問「咖啡很好喝吧？」「今天天氣很晴朗吧？」這樣簡單又很難讓人做出否定回答的問題。這種話能夠緩和氣氛，增進雙方的相互理解，有助於引導對方說出更大的「Yes」。

　　我：「今天天氣真不錯。」　　對方：「Yes.」
　　我：「這幅畫的感覺不錯呢。」　　對方：「Yes.」
　　我：「今天餐廳的氣氛不錯呢。」　　對方：「Yes.」

　　至少讓對方回答三次「Yes」，那麼在之後的提問中，對方回答「Yes」的機率就會提高。像這樣事先回答「Yes」，之後回答「Yes」的機率提高的原因是什麼呢？因為人們有「一

致性需求（need for consistency）」。所謂一致性需求，是指人們在理解和對待世界時，想要保持一致性。對某個事物做出一種判斷後，就算是接觸到其他的資訊，也固執地想要維持原來的判斷。就像是喜歡上了一個人，就會喜歡他的一舉一動。就算他的行為是錯的，也覺得他的行為沒有錯。比如瘋狂喜歡偶像明星的粉絲們，就算是他們喜歡的明星做出了（違背社會）社會上不提倡的行為，粉絲們也會支持自己的偶像。這就是因為一致性需求。

人們在理解和對待世界時，擁有基本的一致性需求。對某個事物朝一個方向做了決定和行動以後，在一致性需求的作用下，之後的行為也會與此保持一致的方向。

但是必須記住一點，提問必須要符合具體情況。如果你問「你最近怎麼樣？」，對方卻回答「我最近不太好」，那麼會怎麼樣呢？這會起到小小的「No」的作用，並引導之後的行為也保持「No」。那麼反而會獲得相反的效果，因此必須根據具體情況來提問。

時間回溯到 20 年前

除了前面所介紹的「戰鬥機模擬器」研究，哈佛大學心理學家艾倫・南格在 1981 年還進行了一個十分挑釁的研究 ⑥（不過，也有資料說是 1979 年）。這個實驗叫做「時鐘倒轉研究」。

南格教授很好奇，如何才能不使用藥物而讓人健康長壽。她所著眼的方法就是先「行動」。如果讓老人做和年輕人一樣

的行為，那麼老人的思想和情感都會變得年輕，最終會不會真的讓老人的身體也變得年輕呢？她假設行為會讓身體年齡變得年輕，為了證明這一點，她找來了一群八十歲上下的男性老人家。

　　這個實驗在新罕布什爾州北部的一個小村莊裡進行。這個村莊的建築很有特色，完全重現了 20 年前，也就是 1950 年代的面貌。不管是房子的模樣和周邊環境，或是老年人要居住的房子，全都改造成了 1950 年代的風格。雜誌有 1950 年代的《Life》和《Evening Post》等；房子裡的電視機是黑白電視機；打開電視，播放的是當時的節目和音樂等；食物也是當時吃的食物。

　　參加實驗的人被分成兩組，每組 8 名老人。他們必須在這個特殊的村莊裡住一周。這時，第一組老人被要求像 20 年前那樣「行動」，而另一組老人只是被要求「回憶」20 年前。

　　第一組老人以現在進行時的方式談論 1950 年代的情況，行為舉止也按照 1950 年代年輕時那樣來做。打掃衛生、洗碗、整理庭院、休閒活動、思維方式等全都按照 20 年前的方式進行。一開始的時候，老人們有些尷尬，但還是按照給定的主題，慢慢開始行動起來。過了一段時間，他們真的像 20 年前那樣行動起來。

　　第二組被要求「回憶」20 年前。老人們只是被要求在村莊裡參觀並回憶往昔，也就是到處看看，回憶過去。

　　雖然只有短短的一周，兩組老人被要求的不同行為卻帶來了完全不同的結果。被要求像 20 年前那樣行為舉止的第一組

老人，體力、視力、聽力、記憶力等真的變年輕了。他們沒有接受任何的藥物治療，只是在這一周的時間內像 20 年前那樣行動，結果真的變年輕了。這能不讓人驚訝嗎？那麼只是「回憶」了 20 年前的第二組會是怎樣呢？正如預料到的那樣，他們沒有發生任何變化。

韓國也曾重現過南格的驚人實驗。EBS 電視臺接受了南格的建議，在韓國進行了相同的實驗（該實驗的詳細內容可見於 2013 年 5 月 27-29 日播出的 EBS《Docuprime- 黃昏的叛亂三部曲》）。

2012 年 10 月 26 日至 10 月 31 日，在這 7 天時間裡，EBS 電視臺《Docuprime》製作團隊針對平均年齡為 82.6 歲的 5 位老人進行了實驗。這次的實驗比南格的實驗提前了 10 年，製作團隊讓老人們在一個裝飾成 30 年前的 1982 年 10 月的環境中生活一周。參與這項研究的 5 個人分別是歌手韓明淑（78 歲）、韓國最早的攝影師金韓勇（89 歲）、演員何燕南（86 歲）、喜劇人南盛男（82 歲）、配音演員吳承龍（78 歲）。他們全都覺得自己「老了」，實際的體力和精神水平都很低。特別是歌手韓明淑當時患有糖尿病，如果不拄拐杖，行動十分不便。

製作團隊讓他們全都想像自己還是 30 年前的年齡，並像 1982 年那樣生活。製作組把他們聚集在一個共同的空間裡，看當時的節目《全員日記》《搜查班長》《秀秀秀》等。而在單獨的空間中，製作組則要求他們像當年那樣獨自度過個人時間。月曆、海報、雜誌、書籍、電話機、音樂唱盤、電視機等

所有的道具全都是 30 年前的，製作團隊每天早晨還會提供印著 1982 年日期的報紙和瓶裝牛奶。另外，製作團隊還拆除了當時老人們所沒有的安樂椅、按摩器等便利設施。

在這一周的時間內，他們還需要遵守如下三項生活守則：

1. 我現在來到了 1982 年。

2. 我的言語舉止要符合 1982 年。

3. 所有的事情我都要自己完成。

結果真的很驚人。在實驗前，78 歲的歌手韓明淑不拄拐杖連一步都走不了，但是在實驗開始不到一天後，她可以扔掉拐杖走路了，而且越走越快。78 歲的配音演員吳承龍常常被不安感折磨，但是在實驗後，他的不安感完全消失了，身體機能也得到了改善。其他人也一樣。每天的健康檢查顯示，他們的語言流暢性、認知能力、平衡感、握力、流暢性、視力、聽力等都比之前得到了很大改善。尤其是行動不便的韓明淑女士，她的變化是最大的。在實驗結束後，她可以甚至可以自己做家務了。

參與實驗的人全神貫注地認為現在是 30 年前，並自動按照當時來做事。然後他們的心靈都回到了過去年輕的時候，並且變得幸福、健康。說到這裡，我們可以問一個問題。究竟是因為人老了所以走不動，還是因為走不動所以老了呢？這兩句話都是對的。但是通過這個研究我們可以知道一個事實，不動的人會很快老去，而活動會讓人變得年輕。像年輕人一樣行

動，那麼身體也會變得年輕。行動就是如此重要。

使用雙手可以增加創意性

如果行動甚至可以改變身體，那麼行動會不會影響我們的創意性呢？為了回答這個問題，美國、中國、新加坡等地的五所大學進行了一項共同研究 ⑦。這些研究團隊觀察了進行與創意性相關的動作會對以後的創意性表現產生多大的影響。

研究團隊進行的第一個實驗是「用單手」和「用雙手」實驗。這個實驗研究的是使用單手和使用雙手會對創意性帶來什麼區別。英語中叫做「on hand」和「on the other hand」。「on hand」的意思是一方面，「on the other hand」的意思是另一方面。研究團隊很好奇，使用單手會不會讓人只從一個方面思考，而使用雙手會不會讓人考慮到其他的方面。

他們對 40 名受測者提出相同的問題：「大學內的一棟建築想要用作新的用途，那麼可以用作什麼用途呢？」然後他們比較了使用單手組和使用雙手組所想到的創意。結果是什麼呢？

比起被限定使用單手的一組，使用雙手的一組想出了更多的新用途。創意的品質、獨創性當然也要好得多（請參考【圖表 5】。創意的數量評分越高越優秀，創意的品質評分越低越優秀）。

第二個實驗是針對 102 名學生進行的。研究人員把學生分

	創意的數量	創意的品質
使用單手組	7.2 分	1,036 分
使用雙手組	11.7 分	673 分

圖表 5　使用不同的手所帶來的創意數量和品質區別

創意的數量評分越高越優秀，創意的品質評分越低越優秀。

成兩組，讓其中一組進入一個邊長 1.5 米的箱子裡，並把創意
性題目告訴這組學生，然後在箱子外把創意性題目告訴另一組
學生。創意性題目是根據給出的三個單詞推測第四個單詞。比
如白紙上寫著「課桌、牛奶、圖畫」，學生需要回答下一個詞
語是什麼。從這三個詞語中推測到的第四個詞語越合理，那麼
創意性越高。結果如何呢？

圖表 6　回答題目地點和對應的創意性評分

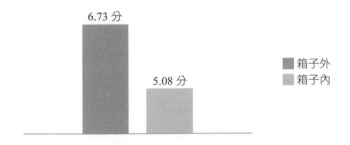

6.73 分

5.08 分

■ 箱子外
■ 箱子內

　　結果，在箱子外面做題比起在箱子裡面做題所獲得的創意
性分數要更高。此外，研究人員還進行了另外三項實驗。無一

例外，所有的實驗結果全都是一致的。親手進行創意性的行為，那麼實際的創意性也會提高。

　　光靠思考是很難提高創意性的。坐在書桌前，為了提高創意性而進行思考，這是沒用的。只有來到一個自由自在的環境中，超越自我限制，開始行動，才能表現出創意性。這個創意實驗說明，身體和心靈並不是分開的，而是合為一體的。你想要獲得想要的結果嗎？那麼不要只有想法，開始朝著你希望的方向行動吧。只有這樣，才是獲得結果的捷徑。

Writer's Talk

改變主要習慣後，
改變剩下的所有一切，
只是時間問題。

──查理斯·杜希格
《習慣的力量》

製造儀式

要獲得好感，就請人幫忙吧

人們在獲得別人的幫助時，一般會對助人者生出感恩和好感。這是人之常情。那麼反過來，助人者會對受助者怎麼想呢？會對受助者產生好感嗎？據說那個幫助我的人，更有可能比以前喜歡我。這叫做富蘭克林效應（franklin effect）。如果我們對某個人懷有善意，那麼最後我們會更加喜歡我們所懷有善意的那個人。

班傑明・富蘭克林（Benjamin Franklin）是一個偉大的政治家和思想家，曾起草了美國《獨立宣言》。在聯邦政府工作的時候，有一次富蘭克林必須和賓夕法尼亞議會合作，但是不知為什麼，賓夕法尼亞州議會的一個議員並不同意富蘭克林的意見，並且一直和富蘭克林作對。富蘭克林很苦惱該用什麼辦法說服這個人，最後他想到了一個特別的點子。那個州議會議員有一本非常珍稀的古籍，富蘭克林去問這個議員，能不能把古籍借給他看幾天。本來已經準備和富蘭克林爭論一番的議員雖然十分意外，但借書一事和議案無關，他便爽快地把書借給了富蘭克林。然後過了幾天，二人在州議會的議事廳裡遇到。

議員居然一改前貌，友善地朝富蘭克林走去，並且親密地與他交談。當然在這之前，他們從未嘗試過互相交談。

為什麼會發生這種事情呢？這就是「行為一致性效果（behavior consistency effect）」。自己幫助某個人，就是在對這個人表達一種積極的態度，根據這一點，之後的記憶和情緒想要保持一致的傾向就會增加。幫對方一個小忙，那麼心靈上為了保持一致性，就會增加對對方的好感度。這個理論十分有趣，那麼它是否適用於其他領域呢？

心理學家約翰‧傑克爾（John Jecker）和大衛‧朗迪（David Landy）⑧ 做了一項研究來證實富蘭克林效果。首先，他們讓參加實驗的人們做了一個簡單的遊戲，並給了勝出者一定金額的獎金。之後，在如下三種不同的情形下向人們求助。

第一組是以「個人」的身份向實驗對象求助。研究人員對勝出者訴苦：「這個遊戲是用我的個人資金進行的，但是現在結算的資金不夠了，你能歸還一部分費用嗎？」第二組是說明情況，請求對方說明心理系辦公室。研究人員找到勝利者，並說明遊戲獎金是心理學系資助的，但是現在因為運營資金遇到了困難，拜託對方返還部分獎金。最後對第三組沒有採取任何措施。

過了一段時間，研究團隊調查了這三組人對研究人員的好感度有多少。這項研究的目的就是證明我會不會喜歡我幫助過的人。結果怎樣呢？有趣的是，研究人員以個人名義請求幫助時，對方對研究人員的好感度是最高的。根據這個研究結果，如果有人在一定程度上幫助了我，那麼他對我的好感度也會增

加。原因就在於行為一致性。當人們做出某種行為，相應的態度會發生改變，並且決定以後的行為。想一想吧，如果我們喜歡某個人，就有繼續喜歡他的傾向。相反，如果我們討厭某個人，就會有繼續討厭他的傾向。這也是因為行為一致性。

　　如果你想讓一個人喜歡你，那就讓對方對你產生小小的善意吧。讓對方幫你一個小忙也是個不錯的方法。幫助一個人，就會喜歡上一個人。幫助一個人，從心理上來看，必須有一個為什麼幫助對方的理由，而這時最簡單的原因就是「因為喜歡對方」。換句話說，這可以歸因於「因為我喜歡那個人，所以幫助他」。而且這項研究的結果只對幫助「個人」時有效果，幫助心理學系這個集體時，效果就差了很多。

圖表 7　求助者所對應的好感度變化

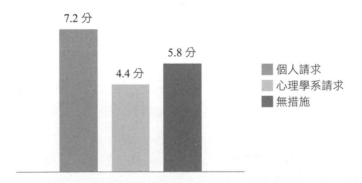

　　另一個實驗也證明幫助人可以改變人的想法。史丹佛大學的喬納森・弗雷德曼（Jonathan Freedman）和史葛・弗雷澤（Scott C. Fraser）做了一項研究 ⑨。他們嘗試說服史丹佛大學

周圍房子的業主，在前院的草坪上豎起大型的安全駕駛活動看板。研究人員找到房子的業主們，給他們展示了寫著「禁止橫穿馬路」的大型看板，並介紹這是公益活動的需要，請業主允許他們在房子前院的草坪上安裝這種看板。看板長寬各 1.5 公尺左右。當然，大部分的居民都拒絕了，理由是安全駕駛看板太大了，會破壞房子的外觀。他們走訪了許多家住戶，但是沒有一家同意安裝看板。研究人員說這是為了減少交通事故所進行的一場活動，但是居民們十分堅決地拒絕了。

　　然後他們製作了長寬各 12 公分的看板進行第二次遊說。跟之前的實驗相同，他們說明了活動的目的，然後請求對方允許安裝這種看板。這一次，大部分的居民都同意了。因為居民們覺得看板比較小，不會對自己住宅的外觀產生大的影響。

　　過了一兩周後，研究人員告訴居民們，看板太小了，安全駕駛的宣傳效果很差，希望能夠換成大一些的看板。

圖表 8 　富蘭克林效果帶來的安裝看板同意比例變化

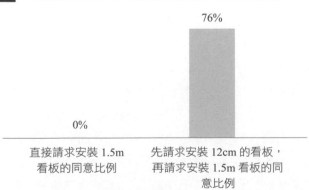

結果怎樣呢？足足有 76% 的居民同意安裝大型看板。一
開始的時候，同意安裝大型看板的比例是 0%，而這次則變成
了 76%。家庭主婦們甚至對安裝大型看板持積極態度了。

這項研究也體現了富蘭克林效果。實驗中的主婦們幫了一
次忙之後，對這個項目產生了好感。因此在研究人員第二次請
求幫助時，自然會以積極的態度看待他們的請求，在遇到之後
的請求時，允許的機率就增加了——從 0% 到 76%。

你想讓別人增加對你的好感度嗎？你想讓對方愛上你嗎？
那就請求他們幫個小忙吧。在這裡很重要的一點就是，必須是
對方可以接受的非常小的一個忙。這種小忙只要幫上兩次，那
麼對方對你的好感就會增加，之後的關係也會變得更加融洽。

一百年前，托爾斯泰也說過類似的話。「比起我們親切對
待的人，我們更喜歡自己幫助過的人。」先準備對方能夠接受
的一個小請求吧，他對你的好感度會增加的。

生日蛋糕的蠟燭必須吹滅嗎？

幾天前，我的大兒子過生日。沒有任何人讓我們做什麼，
但是家人們自然而然地準備了蛋糕，插上蠟燭，唱起生日快樂
歌，然後讓兒子吹熄蠟燭。假設那天我們沒有準備任何東西，
只是口頭上說一句生日快樂，那麼氣氛會如何呢？大概會十分
淒涼吧。不只是生日，百日宴、周歲宴、入學典禮、畢業典
禮、結婚典禮、銀婚典禮、金婚典禮等，人們喜歡把某一天賦
予意義，並舉行特別的儀式。這麼做並不能得到某個特殊的結
果，那麼人們為什麼還要有這種行為呢？為了更開心嗎？為了

記得更清楚嗎？

最近，明尼蘇達大學和哈佛大學的共同研究團隊 [10] 發表了一個關於行為因果關係的有趣研究結果。我們以這項研究內容為基礎，思考一下從企業和個人的角度應該如何加以運用吧。

研究組想要瞭解在使用產品之前，進行「簡單儀式行為（ritual behavior）」會對消費者滿意度和購買意向產生什麼影響，因此他們進行了四次實驗。首先，把 52 名大學生分成兩組，讓他們吃巧克力。其中一組在吃巧克力之前，會把巧克力連包裝一起分成兩半，五分鐘後再讓學生吃，這就讓他們進行了一個簡單的儀式行為。與此相反，另一組直接讓學生自己吃。然後調查了兩組學生覺得巧克力有多好吃。

圖表 9　有無儀式行為帶來的味道評價、付費傾向、以及使用時間差異

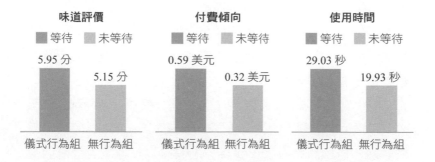

味道評價	付費傾向	使用時間
■ 等待　■ 未等待	■ 等待　■ 未等待	■ 等待　■ 未等待
5.95 分	0.59 美元	29.03 秒
5.15 分	0.32 美元	19.93 秒
儀式行為組　無行為組	儀式行為組　無行為組	儀式行為組　無行為組

不出所料，連同包裝切成兩半讓人吃的那組，也就是進行了「簡單儀式行為」的那一組覺得巧克力更好吃。他們的購買

意向更高，品味巧克力味道的時間也越長。簡單的儀式行為讓人們對產品的評價更高，使用時間更長，今後的購買意向也更高。

不過研究人員對此又產生了幾個疑問。第一，是不是只有美味的巧克力才會產生這種效果，像胡蘿蔔這種不好吃的產品就不會產生這種效果呢？第二，如果不重複進行相同的行為，隨機進行某個行為，結果會不會不同？第三，做完儀式行為之後，如果在享用之前讓對方稍微等待一下，結果會怎樣？因此研究人員設計了一些更加細緻的實驗。

他們重新找來 105 名實驗對象，並分成重複儀式行為組、隨機行為組、稍加等待組和非等待組。結果會如何呢？首先，不管是巧克力還是胡蘿蔔，儀式行為的效果是相同的。也就是說，即使是不好吃的產品，儀式行為效果依然存在。

此外，在稍加等待的條件下，進行儀式行為組的期待感最高，實際體驗中的滿意度也是最高的。總結來說，不管是什麼樣的產品，如果讓對方在使用產品之前進行一定的儀式行為並稍加等待，那麼對方的期待感和實際滿意度會更高，使用時間會更長，購買意向會更強烈。

為什麼會出現這種結果呢？因為進行儀式行為會讓人們想要記住這個產品的「內在動機（intrinsic motivation）」變得更加強烈。通過簡單的儀式行為，人們會更多地去思考這個產品，進而更加喜歡這個產品，願意付更多錢的動機也就更強。

這種簡單的儀式行為會讓生命變得更加快樂。因為即使是同樣的消費，儀式行為可以提高期待感和滿意度。甚至是難吃

的胡蘿蔔，在經過簡單的儀式行為後，也讓人感覺更加美味了。喝葡萄酒之前的品酒過程也是一個很好的儀式行為的例子。不僅僅是食物如此。學習的時候、約會的時候、運動的時候、買東西的時候，如果進行儀式行為，滿意度也會更高。

図表 10　是否等待、是否有無儀式行為相對應的期待感和滿意度

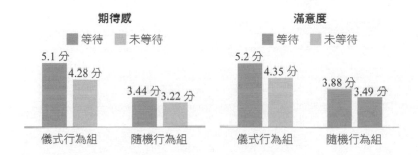

從個人和企業的角度，應該怎麼運用儀式效果呢？可以在遇到顧客或消費者的地方準備一個小小的儀式。比如，光棍節、五花肉節、情人節、白色情人節等，這些紀念日本來是不存在的，是有人把它們變成了儀式。如果消費者的行為中有了儀式，其作用要超過數億的廣告費。

「小」禮物的「大」作用

1985 年，流行音樂史上出現了一首很特別的音樂。麥克・傑克遜（Michael Jackson）、昆西・瓊斯（Quincy Jones）和瓊妮・米切爾（Joni Mitchell）等共同為非洲難民創

作了一首名為《天下一家（We are the world）》的歌曲。這首歌曲演出的演唱會被全世界轉播，全世界有 147 個國家十五億人觀看了這場演唱會，並一舉創下 700 萬張專輯的銷售量記錄，募集到的善款達到 7,000 萬美元 ⑪。

　　為了幫助衣索比亞的難民，他們開始進行這個項目。1974 年，衣索比亞開始面臨饑荒，到 1980 年代初期，數十萬人餓死，並出現了數百萬名難民。特別是 1984 年到 1985 年間，連年的嚴重乾旱讓衣索比亞難民過得極其悲慘。

　　但是在衣索比亞的慘狀被傳遍世界，全世界的人都在援助衣索比亞時，發生了一件非常特別的事情。衣索比亞向墨西哥援助了 5,000 美元的救災款。不是墨西哥援助埃塞俄比亞，而是飽受饑餓折磨的衣索比亞援助墨西哥。1985 年，墨西哥發生了大地震，衣索比亞捐助了 5,000 美元用作救助受災者的資金。本國的國民正在饑餓中死去，而衣索比亞卻把本來買糧食都不夠的錢，捐給了其他國家救災。

　　衣索比亞為什麼會做出這種選擇呢？這是因為衣索比亞欠了墨西哥的心靈債。1935 年，第二次世界大戰期間，衣索比亞受到義大利的侵略，處境十分艱難。這時，墨西哥向衣索比亞伸出援手，進行援助。金額並不算大，卻幫了衣索比亞一個大忙。無比感激的衣索比亞一直在等待報恩的機會，並決定在這次地震中為艱難的墨西哥人民送去 5,000 美元表示感謝。

　　這就是「互惠影響（reciprocal effect）」。人們在獲得一樣東西後，給予的傾向就會增加，並產生一種心靈欠債的感覺，想要找機會報答。不過有趣的是，比起大禮物來，「小禮

物」更能打動人心。

　　根據歐洲科學家艾伯費爾德（Eibl Eibesfeldt）⑫的研究報告，在第一次世界大戰中發生了一件十分有趣的事情。一個德軍士兵的工作是活捉敵軍，並獲取敵軍的重要情報。有一天，這個士兵襲擊了敵軍的戰壕，並成功活捉了獨自看守戰壕的敵軍哨兵。哨兵正獨自一個人在戰壕裡吃麵包，被襲擊時毫無防備。被突然活捉的哨兵太過驚慌，以至於不自覺地把自己手裡的麵包遞給了德國士兵。面對哨兵出乎意料的行為，驚訝的德國士兵不自覺地接過哨兵遞過來的麵包吃了下去。

　　德國士兵吃完麵包，突然很感激哨兵，他覺得自己和哨兵個人之間並不是仇敵。他們只不過是在履行各自的任務，他很感謝在饑餓時給自己麵包吃的哨兵。最後，德國士兵覺得自己最好的報恩方式只有不活捉這個哨兵。於是他放棄了活捉哨兵的機會，轉身離開了。敵軍哨兵送給了對方一個小小的麵包，卻獲得了生命這樣更大的禮物。

　　另一個實驗也證明了小禮物的效果。1971 年，康乃爾大學的雷根（Dennis Regan）⑬教授做了一個研究。首先，研究助手募集了 77 名實驗對象，並介紹了他們要進行的研究。然後向其中一組提供了小禮物，另一組則什麼都沒有給。在提供小禮物的那一組，助手在實驗中離開了一小會兒，並給實驗對象帶回來了汽水。然後助手說：「我去了其他的房間，結果正好在免費發汽水，我想到了你，就給你多拿了一瓶。要不要來一瓶？」在另一組中，助手同樣中途離開了一小會兒，但是空著手回來的。也就是說沒有給這一組的人任何禮物。

　　然後，助手對兩組人做出同樣的請求。「我們宿舍正在舉行給生活困難的人捐款的活動，你要不要買一張彩券？」結果會是什麼樣呢？收到小禮物的人，也就是收到汽水的人所購買的彩券，是沒有收到禮物者的兩倍。更有趣的是，請求者分成了「親切的」「木訥的」等不同類型，但是對比之下，說話木訥者獲得的購票率和說話親切者獲得的購買率並沒有多大的區別。

圖表 11　　請求者的性格和是否有禮物相對應的購買率

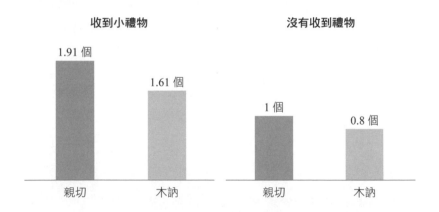

　　小禮物會讓人背負心靈債。比起物質性的債來，人們更重視心靈上的債，當遇到特定的時刻，人們就會努力還債。像這樣小禮物有大效果的情況有很多。比起大禮物，小禮物更能打動人心。原因很簡單。大禮物會打動人的大腦，但是小禮物會打動人的情感。比如中秋節的時候有人送給你一個韓牛套餐，

你會怎麼想？「他為什麼要送我禮物呢？他想要得到什麼呢？我應該為他做什麼呢？」但是如果你收到的是一盒餅乾、一盒優酪乳霜淇淋，那麼你會怎麼想？你會露出淡淡的微笑，同時心靈被對方打動。要想打動人的心靈，小禮物更加有效。如果你想得到對方的心，那麼有意義的小禮物會起到更大的作用。

所有的計畫都可能出現失誤

制訂計畫是為了按照想要的方向、在規定的時間內完成事情。但如果我說，所有的計畫都可能會出現失誤，你會有什麼想法？「那是因為計畫制訂得不夠周密，我肯定不會那樣的。」——你會不會這樣想？但令人驚訝的是，「所有的計畫都可能出現失誤」這個命題適用於每一個人。即使是制訂了計畫來實現目標，但從結果來看，我們並不能完全得到自己想要的結果。這並不是取決於個人意志，也不取決於環境因素。不管是個人還是企業，雖然都根據目的制訂了需要完成的目標，但是順利完成目標的情況並不多。這就是「計畫失誤（planning fallacy）」。

西門菲莎大學的羅傑・布爾勒（Roger Buehler）研究團隊進行了一個研究來證明計畫失誤發生的頻率。他們調查了即將畢業的大學生，瞭解學生計畫的完成情況。首先，研究人員給出三種條件，然後讓學生根據這三個條件預測完成畢業論文的時間。三種條件分別是所有條件都最佳的情況、個人認為比較樂觀的情況、個人認為非常悲觀的情況。學生們預測所有條件都最佳時平均需要 33.9 天，樂觀情況下平均需要 27.4 天，悲

觀情況下平均需要 48.6 天。然後研究人員記錄了學生實際完成畢業論文所需要的時間。結果會怎樣呢？

圖表 12 給定條件下相對應的預測時長和實際所需時長

	條件最適宜的情況	樂觀的情況	悲觀的情況
預測時長	33.9 天	27.4 天	48.6 天
實際需要時長	55.5 天	55.5 天	55.5 天
差異	-21.6 天	-28.1 天	-6.9 天

　　正如【圖表 12】中所體現的，所有條件下的實際所需時間都比預測時間長。在條件最適宜的情況下，實際所需時間比預測時間多 22 天；在樂觀的情況下，實際所需時間比計畫時間多 28 天；在悲觀的情況下，實際所需時間比計畫時間多 7 天左右。也就是說，即使預測最差的條件，也經常無法按計劃完成目標。

　　研究人員考慮到論文需要在前期進行很多研究工作，因此他們研究了在與學習無關的非學習領域是否也會出現這種計畫和實際出現差異的情況。所以這次他們同時觀測了學校佈置的作業和日常生活中需要完成的任務。與學習相關的任務有寫文章、提交電腦作業、寫實驗報告等，非學習性的任務有修理自行車、打掃公寓衛生、給朋友寫信等。

　　從結果來看，此次實驗的結果和前面的畢業論文實驗類似。不論任務是否與學習相關，學生們預測的平均時間都在

5~6 天，但是實際完成的時間都是預測時間的近 2 倍。平均來看，我們可以知道，大部分計畫中都會出現遠遠偏離計畫的失誤。

圖表 13 是否與學習相關的課題相對應的預測時長和實際所需時長

	與學習相關的課題	與學習無關的課題
預測時長	5.8 天	5 天
實際需要時長	10.7 天	9.2 天
差異	-4.9 天	-4.2 天

一般來說，即使制訂了計畫，真正按照自己的想法完成任務的比例也並不高。這是因為人們擁有如下幾種特點。首先，人們傾向於高估自己的能力。這叫做「自我提升（self enhancement）」，意思是「沉迷於自我」，也叫作「自戀」。過於相信自己的能力，過於簡單地看待分到的任務，結果就會出現失誤。

第二，人們傾向樂觀地看待遙遠的未來。對並不近在眼前的未來十分樂觀，不會制訂的詳細計畫，因此容易出現失誤。這叫做「遙遠未來效應（far future effect）」。

第三，人們在遇到新問題時，傾向於用熟悉的方法來解決。就像是按照習慣來做事。熟悉的方法可能讓人感覺心裡舒服，但是對解決新問題來說，作用是有限的。

　　因此，人們做出的決定很可能包含基本失誤。那麼有沒有方法可以避免這種失誤呢？有一個十分有趣的研究，指出了解決計畫失誤的洞察性方法。

樂觀看待遙遠的未來，悲觀對待眼前的現實吧

　　2001 年，紐約大學心理系教授歐廷珍（Gabriele Oettingen）⑭ 在社會心理學的代表性學術雜誌《人格與社會心理學（Journal of Personality and Social Psychology）》上發表了一篇講述可以減少失誤的文章，叫做《理想現實理論（fantasy realization theory）》。這篇文章提出了去掉計畫失誤，得到想要的結果的方法。她提出的方法很簡單，那就是「樂觀看待遙遠的未來，悲觀對待眼前的現實」。

　　首先，要樂觀看到遙遠的未來，從事情會按照計畫進行的積極方面看待未來。然後要悲觀地看待到達未來的現實性問題。這樣提前找出現在所發生的問題，就可以加以應對。為了證明這個觀點，歐廷珍制訂了樂觀和悲觀並行的程式，並運用到了現實中。

　　首先，她讓人們定一個想要實現的目標，比如戒煙、戒酒、獲得運動資格證等目標，然後想像自己獲得希望的結果時瀟灑帥氣的樣子。然後寫下實現計畫時一定會遇到的兩個現實性問題。如此一來，人們雖然會夢想著樂觀美好的未來，但同時會找出實現目標的現實性問題和障礙。這樣人們解決問題的動機就會更強烈，就能比之前獲得明顯更好的結果。

　　為了更清晰地理解這一點，我們來具體看一下她的實驗內容。研究團隊將 136 名實驗對象分為三組。

　　第一組是樂觀看待未來，同時悲觀看待現實。

　　第二組只是樂觀看待未來。

　　第三組則只是考慮到悲觀的現實。

　　研究人員觀測並記錄了這三組實驗對象所制訂計畫的詳細程度、所感受到的責任感程度、實際努力程度和獲得的結果。此外的條件完全一致。

　　結果證明，對未來持樂觀態度、對現實問題持悲觀態度的那一組制訂了更加詳細的計畫，有些更多的責任感，更加努力，因此獲得了更好的結果。

　　到底為什麼呢？

　　因為樂觀卻直面問題的人，想要解決問題、獲得想要結果的內在動力更加強烈。因此，樂觀看待未來、悲觀地直面現實問題，是減少計畫失誤、提高成果的關鍵。

　　有趣的是，比起只是樂觀看待未來的人來，只是悲觀看待現實的人反而獲得了更好的結果。因為只是樂觀看待未來的話，就不會探索具體的問題，無法制訂對策，反而獲得的結果會更差啊。

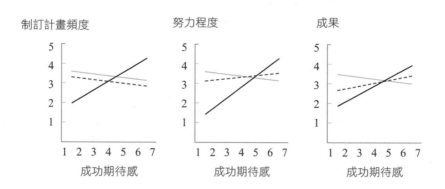

圖表 14 樂觀和悲觀相對應的制訂計畫頻度差異、努力差異、成果差異

—— 未來樂觀、現實悲觀　—— 未來樂觀　--- 現實悲觀

人生就是在跟各種突發狀況作鬥爭。不論你樹立多麼高大上的目標，如果處理不了預料之外的突發狀況，是無法實現目標的。說服別人的時候、賣東西的時候、勸勉子女學習的時候、協商的時候，100%會出現突發狀況。而成功者就是堅決果斷地處理好這些突發狀況的人。不，他們是提前預測到突發狀況的人。提前預測，提前準備。歐廷珍把這叫做「樂觀看待遙遠的未來，悲觀對待眼前的現實」。就像電腦有恢復出廠設置功能一樣，我們也要預防萬一出現的事故，提前做好準備。

做好一件事，就能做好十件事的原因

班度拉（Albert Bandura）教授是社會學習理論的主要提倡人，也是心理教育學領域的大師。他在擔任史丹佛大學教授

期間，進行了一項跟實現目標有關的十分有趣的研究。他的主要研究之一就是控制「恐懼」。

當時他有一個學生對蛇有十分嚴重的恐懼症，這個學生已經不是簡單的怕蛇了，只要想到蛇這種生物，就會肌肉僵硬，情況比較嚴重。怎麼才能解決這個問題呢？苦惱的班度拉假設通過逐漸接觸的方式可以解決這個問題，並進行了研究。他讓學生一點點地逐漸接觸蛇，從而克服恐懼。

一開始，他讓這個學生「想像」蛇。對學生來說，想像蛇很困難，但是反覆多次以後，學生逐漸熟悉了這種恐懼。然後他告訴學生隔壁的房間裡有蛇。剛開始聽到這個消息的時候，學生十分恐懼，但是隨著時間流逝，學生又逐漸熟悉了這種恐懼。然後他讓學生遠遠地看蛇，並逐漸縮短距離，最後讓學生近距離地觸摸蛇。就這樣，學生有一天突然意識到他對蛇的恐懼是沒有事實根據的，從而對蛇的恐懼明顯減少了。

這個實驗中有一件更有趣的事情，在克服了對蛇的恐懼後，學生對其他相似水平的對象的恐懼也消失了。對蛇的恐懼消失後，對黑暗的恐懼、對封閉空間的恐懼也一起消失了。為什麼會出現這種情況呢？因為在克服了對某種特定對象的恐懼後，人會發現自己的能力，從而產生自信，有自信面對低於這種刺激的對象。也就是說，能夠憑藉自己的能力克服的對象就增多了。班度拉把這稱為「自我效能理論（self efficacy theory）[15]」。

自我效能理論是指對自己能力的成功信念越強烈，實際成功的可能性越大。如果你認為憑藉自己的能力完全可以成功完

成某件特定的事情，那麼這件事就真的可以成功。我們從身邊的事情來說明一下吧。數學好的學生學好英語的可能性更大，因為他們相信自己的能力，自我效能感更高。爬過安地斯山脈（編按：南美最長的山脈，由北到南經過委內瑞拉、哥倫比亞、厄瓜多、秘魯、玻利維亞、智利與阿根廷等七個國家，海拔平均 4000 公尺左右）的人會覺得登上漢拿山（編按：漢拿山是休火山，海拔 1950 公尺，是韓國第一高峯。）並不困難，因為他們有自信。因此，是否對自己有信心決定了實際中是否能夠成功。

自我效能感高的人知道如何獲得自己想要的東西。因此他們能夠更快地抓住問題的核心，並準備出更好的解決方案。也就是說，他們的情景規劃更好。相反，自我效能感低的人會做出相反的行為。在開始之前就緊張、恐懼，做出失敗的情景規劃，最終導致失敗的機率增加。自己的想法決定了成功還是失敗。

那麼怎樣才能提高自我效能感呢？方法比想像中要簡單。那就是重複小成功的經驗。從容易完成的事情開始獲得成功，就會擁有自信，催生出挑戰意識。在這裡很重要的一點就是設定可以充分完成的小目標，並激勵自己去完成。

另一個方法就是模仿榜樣。歷史上的成功者都有自己的榜樣。找到自己想要成為的那個人，把他們的成功形象和自己一視同仁，沿著榜樣的生活軌跡去做，從而提高自己成功的可能性。和榜樣有適當的聯繫感也會得到十分明顯的成功效果。獲得自己想要成為的人的積極回饋──沒有比這更好的動機了。

　　與支持自己長處的人變得更親密也是一個很好的方法。雖然批評和忠告也很重要，但是經常接觸到周圍人支持自己的正面評價更加有效。從他人那裡獲得激勵和支持的時候，我們會更加集中於這些積極的話，自我效能感也就提高了。

　　正如對蛇的恐懼消失後，對於相似水平的恐怖也會消失了一樣，重複小成功的經驗，並對自己抱有積極的信念，有助於提高自我效能感。自我效能感提高後，自我的成功信念就會增加，人生幸福感也會隨之增加。

Writer's Talk

如果你需要自信，
那就握緊拳頭吧。

緊緊握住拳頭，
一小會兒，
自信就會明顯增加。

如果你想挑戰某個東西，
那就緊緊握住拳頭吧。
力量會從中產生。

習慣的力量——習慣決定結果

66 天養成一個習慣

習慣很可怕。一旦養成，很難更改。學習的習慣、運動的習慣、努力的習慣，如果你的身體養成了這些習慣，那麼就算是讓你不要去做，你也會去做。玩的習慣、懶惰的習慣、找藉口的習慣等也都同樣。如果身體養成了這些習慣，你也會不斷重複這些習慣。因此擁有什麼樣的習慣會讓人生大不相同。

人的身體有趨向舒適的特點，因此習慣便尤為重要。人們多數會吃得更多、睡得更多、玩得更多、變得越懶。因此需要培養好習慣，並為了培養好習慣付出更多的努力。怎樣才會讓身體養成好習慣呢？養成一個好習慣又需要多長時間呢？

英國倫敦大學的蘭利（Phillippa Lally）研究團隊[16] 發現，按照一定的程式，不間斷地保持 66 天，就可以把希望的行為變成習慣。只要把希望的行為重複 66 天，就能養成習慣。

為了做實驗，研究組首先募集了 96 名實驗對象，開始了為期 12 周的習慣養成專案。這些實驗對象都想要重複進行自己希望的動作從而養成習慣，他們想要的習慣有吃健康的食物、喝健康的飲料、運動等。有 27 人把養成吃健康食物的習

慣作為目標，31 人把養成喝健康飲料和水的習慣作為目標，
34 人把養成運動的習慣作為目標，剩下的 4 人把養成冥想的
習慣做為目標。

參與實驗的人在 12 周內把自己的行為記錄在網站上，研
究人員以此為基礎資料，瞭解形成習慣所需要的時間。測定是
否形成習慣的條件一共有 12 項，所有的資料都是按照每人、
每天來記錄的，從而可以分析經過多長時間，人們能夠達到習
慣的標準。

圖表 15　把目標行為養成習慣所消耗的時間

	平均	最短時間	最長時間
完成目標（95%）的時間	66 天	18 天	254 天

從結論來看，把目標行為養成習慣所花的時間平均為 66
天。當然，每個人花的時間不同，快的人需要 18 天，而慢的
人需要 254 天，不過實驗顯示，平均 66 天後，人們就能像習
慣一樣重複目標行為了。

根據每個目標形成習慣所需要的時間，就可以更準確地加
以瞭解了（【圖表 16】）。不同目標之間雖然有差異，但是
大致 66 天後就能夠達到目標值的 95%。這裡的關鍵是形成即
使不刻意去做也會自動去做的反射行為，需要花多長時間。目
標行為越複雜，花的時間越長，但是在重複 66 天以後，目標
行為就能夠成為習慣。

圖表 16 每個目標行為形成習慣所消耗的時間

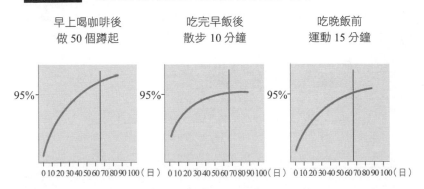

一般在提到習慣的問題時，我們總是歸咎於自己的意志力不夠強。因為意志力不夠強，所以沒能改掉習慣。但是從這個實驗結果來看，沒有形成習慣並不是因為意志力不夠強，而是因為行動力不足。更準確地說，是因為重複的行為不足。不多不少，只要重複 66 天，就會自動形成習慣。如果你的目標是節食減肥，那麼你需要的不是鋼鐵般的意志，而是一開始就要在餐桌上少放飯菜，並重複 66 天。這樣一來，隨著時間的流逝就能形成習慣，自然而然就會這麼做。重要的不是想法，而是行動。

這裡需要注意一點，即使新養成了一個好習慣，但是如果受到壓力，很可能會恢復原來的習慣。這是精神上的反彈現象。即使通過重複行為養成了吃健康食品的習慣，但在受到很大壓力時就會故態復萌，你的手會再次拿起之前的垃圾食品。因此，壓力是萬病之源的說法是正確的。不過還是有辦法的。我們回憶一下歐廷珍的研究結果。要積極看待未來，同時提前

想到現實性的問題。即使養成了好習慣，也要提前想到我們某個時刻會受到壓力。那麼，在受到壓力的時候，就可以用準備好的行為來進行應對了。

提高成功率的情景規劃法

習慣是指無意識進行的重複性行為。當不做某件事的時候，自己都會不自覺地感覺不舒服，這就是養成了習慣。所以習慣真的很可怕。雖然我們已經知道，只要 66 天重複進行相同的行為，就能夠養成習慣，但是還有一個問題，那就是應該怎麼規劃這 66 天裡的行為。針對這一點，筆者的經驗可能會有所幫助。

筆者曾經常因為各種各樣的壓力暴飲暴食。體重超出正常值 15 公斤，被診斷為處於代謝綜合症初期。我意識到不能再這樣下去，因此開始重新規劃自己的行為。我的目標習慣是晚上 6 點以後不再進食，睡前跑步。但是制定過類似目標的人都知道，這絕不是一件簡單的事情。常常會找到各種藉口，只要落下一兩天，這個計畫就失敗了。所以我根據如下三個階段重新規劃了自己的行為。

1. 設定目標行動：制定最終目標、詳細目標，並下決心開
　　始行動
2. 行動記錄：真實準確地記錄是否完成了每天的詳細目標
3. 行為回饋：發現問題並準備以後的解決方案

　　每個人都會制定目標，但是很少有人會每天記錄。但是記錄下每天的變化後，僅僅看著這份記錄就能被刺激到，因為可以切身體會到自己的變化，從而產生更強的動力。

　　在確定了晚上 6 點以後不再進食和睡前跑步 8 公里的目標後，有沒有認真完成，我在記錄自己行為的同時，也記錄了身體的變化。就這樣，大概重複了兩個月以後，我的體重減少 12 公斤，身體也健康了很多。醫院的健康體檢結果也達到了讓我比較滿意的程度。到現在為止，我已經堅持了三年。如果晚上 6 點後進食，睡前不跑步，我就會覺得不舒服，現在已經形成習慣了。讀者可以通過【圖表 17】中的自我監測條件來檢查是否形成了習慣。

　　雖然目標行為重複 66 天就可以形成習慣，但是正如之前所述，一定會出現我們預料之外的情況。當這一時刻到來，我們應該怎麼做呢？我們需要為這一時刻準備的就是情景規劃（scenario planning）。

圖表 17 測定是否形成習慣的自我監測條件 [17]

〔**對行為 A 的習慣測定**〕

	是	否
1. 我經常做這件事。	☐	☐
2. 我會自動做這件事。	☐	☐
3. 我沒有意識到也會自動做這件事。	☐	☐
4. 如果不做這件事，我會覺得不舒服。	☐	☐
5. 我會下意識地做這件事。	☐	☐
6. 如果我想不做這件事，需要付出努力。	☐	☐
7. 這件事已經融入了我的生活中了（每天、每週、每個月）。	☐	☐
8. 我經常沒有意識到我在做這件事，就已經開始做了。	☐	☐
9. 如果不做這件事，我會感覺奇怪。	☐	☐
10. 做這件事並不需要特意去想。	☐	☐
11. 這件事會自動發生。	☐	☐
12. 從很久之前，我就一直在做這件事。	☐	☐

　　A 決定戒掉已經吸了 30 年的煙。剛開始的一個月，他很好地忍了過去。但是到了第二個月，他就重新吸起了煙。原因是他持續感到未曾預料到的壓力，無法忍住不吸煙。這種情況多得不計其數。雖然制訂了計畫，一開始也很好地按照計畫進行，但是很快就會遇到問題，會發生一些預料不到的事情。這個時候，大部分人會遭受挫折或者放棄。這就是導致目標行為失敗的巨大絆腳石。

　　情景規劃法可以設定目標行為，提前預料到會造成妨礙的事情，從而幫助人們更容易地完成目標行為。人們可以提前做好準備，當發生這種事情時，應該如何處理應對。舉個例子，假設你設定了目標行為「戒煙」，然後根據不同的情況制定了詳細的目標行為。比如在公司裡用吃糖代替吸煙，在酒桌上用嚼口香糖代替吸煙。但是可想而知，這種行為並不簡單。最典型的障礙就是同事的慫恿。「就吸一次能怎麼樣啊」「咱們就一起吸這一次吧」──同事這麼說，的確讓人很難直接拒絕。所以為了預防這種時候，必須提前準備好應對方案。「醫生說我的肺已經很危險了」「我跟某部門的某人打賭，要是被他抓到吸煙，得給他 600 塊錢呢」──提前準備好這些可以躲避吸煙的藉口。

　　我們來預想一下到會遇到的妨礙目標行為事件，然後準備相應的應對方案吧。按照【圖表 18】的情景規劃法加以設計，在遇到突發情況時會有所說明。

圖表 18　情景規劃表

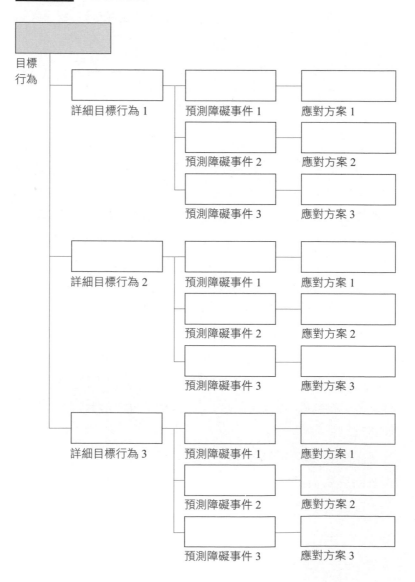

眾人拾柴火焰高

有句話說，一個人才能走得快，大家一起才能走得遠。跟大家一起做就不會感到疲憊，即使遇到困難，也能互相幫助，共同分擔。培養習慣的時候也是同樣，比起自己一個人培養習慣來，大家一起做能夠獲得更大的效果。

銷售減肥產品的 C 公司想知道怎樣才能讓減肥效果更好。因為很難僅僅通過減肥產品獲得實際的減肥效果。因此 C 公司決定不從一個人的角度去減肥，而是鼓勵大家一起減肥。

首先，C 公司從網站上註冊的會員中，將 5~6 人結為一組。然後 C 公司引入互相激勵、互相支持、受挫時互相幫助的專案，並讓所有的組員都使用這種方法。為了完成目標，他們甚至組織了網路和現實中的見面會。這是為了讓組員有更強的動機。他們的減肥目標是 10 周內減掉 6kg。

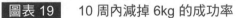 **圖表 19**　　10 周內減掉 6kg 的成功率

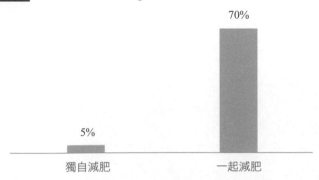

這個為期 10 周的減肥項目，究竟獲得了什麼樣的結果

呢？從【圖表19】可看出，令人驚訝的是，獨自一人減肥的時候，成功率只有5%，但當結成小組一起減肥時，成功率高達70%。跟別人一起，更加優秀地完成了目標。

我們來整理一下截至目前所介紹的培養習慣方法。要超越行為的變化，形成習慣，流程如下：

1. 理解行為變化
重要的不是想法，而是行動。

2. 設定目標行為
設定你想要改變的目標行為。要區分最終目標和現在要做的詳細目標。

3. 66天的行動實踐
平均重複66天，希望的行為就會變成習慣。但是，要每天記錄和檢查。

4. 樂觀但要考慮到現實性的問題（情景規劃）
一定會發生問題。要對光明的未來保持樂觀，但同時要考慮到現實性問題。要制定情景規劃，考慮到發生問題時應該如何應對。

5. 不單打獨鬥，要一起實行
比起單打獨鬥，和擁有相同目標的朋友或同事一起，效果會更好。大家一起，才能走得更遠。

生活達人的四個共同點

有一個節目叫做《生活達人》。這個節目中出現的嘉賓，似乎真的只有「達人」兩個字才能夠形容。壽司達人說飯團好了，就是正好 300 粒米飯。水餃達人揪出一塊麵團，那就是準確的 24g。輪胎達人往堆成 10 米高的輪胎堆上扔輪胎，堆得整整齊齊，毫釐不差。要練習多長時間才能達到這種水準啊！真是令人驚訝。

仔細觀察這些「生活達人」，可以發現幾個共同的特點。第一，他們十分清晰地劃定自己的領域。工作的領域十分明確。也就是說，如果送報紙，那就只送報紙；如果做肥皂泡藝術，那就只做肥皂泡藝術；如果做燒餅，那就只做燒餅——準確地確定自己要做的事情。其實像他們那樣準確地確定自己喜歡又擅長的領域，並不是一件簡單的事情。從這個角度來說，他們能夠準確理解自己的工作是什麼，是一群幸福的人們。

第二，他們真心熱愛自己的工作。想想那個信封達人吧。一般來說，粘信封並不是一份多麼體面的工作。但是這個節目中出現的信封達人至少在螢幕上是全心全意地熱愛粘信封這份工作的，否則他不會那麼努力地工作。也有很多人在做跟他們相同的工作，但是因為他們真心熱愛自己的工作，所以才能超越一定的水準，達到爐火純青的境界。

第三，他們親身體現了 10000 小時定律。神經學專家丹尼爾‧列維廷（Daniel Levitin）主張一萬小時定律，每天 3 小時，努力 10 年，就能花費 10000 個小時，努力 10000 個小

時，就能成為大家。每天做 1000 條壽司的老奶奶做了 40 年，用聲音尋找故障的老爺爺，把相同的事情做了 45 年。這是真正的百煉成鋼，不斷重複才成為大家。

第四，他們擁有藝術家的精神。什麼是藝術家？藝術家是指在特定領域中超越了人類水準，表現神的境界之美的人。從這個角度來說，毫無疑問，這些生活達人就是藝術家。

再看另外一個例子。這是轉型做解說員的運動員梁俊赫的故事。當時他剛從三星隱退不久，在解說棒球時，他的話讓人印象深刻。

棒球打擊手要每場比賽要上場打擊三到四次。每次會有 3 個好球投過來，梁俊赫（編按：韓國職棒三星隊的強打者）說他的目標就是打中其中一個。因為如果三個裡面一個也打不中，那麼就會被三振出局；如果連續三次擊球不中，也無法晉級。為了擊中投手全心全力投出的三個好球中的一個，他練習了幾千次擊球，才把棒球打出打擊區。不愧被稱為「梁神」。

那麼投手又如何呢？投手所面臨的打擊手全都是經過幾千次擊球練習的選手。在遇到這些打擊手時，投手必須要投出三個好球，否則就必須因為四壞球保送上壘。投手的宿命就是必須要投出三個好球。那麼投手必須要準備什麼？通過幾千次的練習提升自己的水準。而練習過幾千次的投手和打擊手相遇的地方就是打擊區。

世界最著名的指揮家倫納德・伯恩斯坦（Leonard Bernstein）曾留下這樣的名言：「一天不練自己知道，兩天不練團員知道，四天不練觀眾知道。」

現在，世界音樂界的指揮家們最推崇的指揮家就是伯恩斯坦。他不僅是指揮家、作曲家、鋼琴家、教育家，還寫出了音樂《西域故事（West Side Story）》。尤其是他還長時間擔任紐約愛樂樂團的音樂總監，從而為人們所熟知。就是這樣的他所留下的名言十分簡單：「不斷練習。」要想擁有競爭力，那就只有不斷練習這一條路可走。

最後讓我再介紹一個人。世界大提琴演奏家帕布羅·卡薩爾斯（Pablo Casals）95 歲的某一天，BBC 記者到他家裡去拜訪。當時卡薩爾斯正在練習大提琴，記者問他：「您是世界上最偉大的大提琴演奏家，可是為什麼到現在還在堅持練習呢？」卡薩爾斯回答說：「哈哈，我也不想練，可是越練習，我的水準就會越高一點。」到了這時，答案已經不問自明。

現在，我們需要做什麼？練習再練習。練習的重要性再怎麼強調也不為過。不管你想得有多麼美好，身體要跟得上才可以。假如你想畫一幅好看的畫，沒有練習是不行的。不管你想演奏多麼美妙的音樂，沒有練習也是無法完成的。

對失誤要寬容以待

英國科學家史蒂文森（George Stephenson）在製作蒸汽機車的時候發生了一件事情。當時，人們一般所使用的最大的動力就是馬匹，而史蒂文森想要製作比馬力氣更大、速度更快的機器。他十分苦惱，怎樣才能用機械裝置獲得與馬媲美的動力呢？一次偶然的機會，他看到了水壺的壺蓋在動，發現了蒸汽發動機的原理。發現這個原理並不容易，而製作出實際的機器

更加困難。經過一番刻苦努力，他終於成功製造出最早的蒸汽機車。

　　但是他最早的製造的蒸汽機受到了周圍好事者們的詰難。因為他所製造的最早的蒸汽機最大載重量只有 30 噸，速度也比自行車慢，只有每小時 4 英里左右。他費盡千辛萬苦製造了蒸汽機車，可是蒸汽機車幾乎無法裝載貨物，速度也很慢，因此周圍的人們對他製造的蒸汽機車百般質疑和非難。其中，一個記者的話十分無情「神所創造的蒸汽機車雖然力氣不如一匹馬，聲音卻比幾千匹馬還大，毫無用處」。

　　這個記者的話被看作是一種十分有道理的批判。但是史蒂文森並沒有受挫，他重新挑戰，10 年後成功製造了連接多節貨物車廂和載客車廂依舊能達到時速 12 英里的蒸汽發動機。直到這時，周圍的人們才開始對史蒂文森的努力報以掌聲。他戰勝了批判，獲得了巨大成功。就這樣，最高效、最安全的火車才開始馳騁在歐洲大陸。

　　韓國有一句諺語「一口吃不成胖子」。看了史蒂文森的故事，就能明白一口真的吃不成胖子。小的成果中常常包含不足之處，必須要獲得更大的成功，才能獲得真正的成功。不要滿足於小的成功，而是要堅持到底，最後達到想要的水準。

　　我們再看另一個例子。門得列夫（Mendeleev）發現了元素週期表。我們高中時學習的元素週期表就是門得列夫完成並發表的，本來最早的發現者並不是門得列夫，而是一個叫做紐蘭茲（Newlands）的年輕人。

　　紐蘭茲最早發現了元素週期表，並給周圍的人看。因為是

最早發現的，自然有很多不足之處，人們開始攻擊元素週期表的缺點。就像史蒂文森剛發明蒸汽機車時那樣。面對人們的攻擊，紐蘭茲意志消沉，遭受挫折，最後放棄了這項研究。但是門得列夫卻從別的角度研究了元素週期表，並在三年後發表了完成的元素週期表，英國科學界正式承認了他的發現。

紐蘭茲太令人惋惜，如果他再努力一點點，他就能獲得門得列夫的功績，但是他卻在最後一瞬間選擇了放棄，無法發現真正最重要的結果。某種有意義的結果總是在最後才能完成，但是紐蘭茲卻沒能堅持到那一刻。

要想完成某個目標，需要努力到最後一刻。在進行新的挑戰時，會面臨失敗，也會出現失誤，好事者們常常將這些失敗和失誤掛在嘴邊。但是成功者不能放棄對最終結果的希望。真正的成功不會因一開始的失誤畏縮不前，而是竭盡全力努力到最後一刻，達到想要的程度。這一點才是最重要的。

人生之路很長，總會有失誤。重要的是失誤時不受挫，能夠再次挑戰。笑到最後的人才是真正的勝者，不是嗎？通過現在的小失誤，讓人生更加光輝奪目。不要忘記，成功的人對自己的失誤寬容以待。

不管是什麼情況，都會有一個結果

到目前，我們瞭解了從設定目標到行為設計、形成習慣的方法。若是一切都能夠按照原則進行，那就完美了。人活在世，十之八九會出現努力卻無法成功的情況。有些人因為懼怕出現這種情況而乾脆不開始。他們害怕自己付出的努力和行動

變成一場空，因此選擇壓根不開始。俗話說，「自助者天助之，精誠所至金石為開。」我們的行動究竟有多少變成了一句空話呢？

我們可以自信地說，努力絕不會是「竹籃打水一場空」。因為大部分的努力和行動都會直接回報給我們一個答案。即使某件事並沒有直接出現結果，我們也會通過其他的某種方式獲得回報。

我們來看一個真實的案例。這是美國著名穀物早餐公司家樂氏（Kellogg's）的故事。家樂氏曾為研發一種消化系統疾病患者的健康食品做了一個實驗。研究人員把小麥煮熟，然後壓得薄薄的，他們用這種方法做了很多實驗。但是不管他們嘗試多少次，用多少方法來實驗，都無法做出他們想要的那種水準的健康食品。有一天，一名研究人員把小麥煮好，因為醫院院長臨時給他安排了任務而出了幾天差。出差三天回來後，他把實驗室裡放置了三天的小麥放進攪拌機軋出來，令人驚訝的是，這次軋出來的麥片居然比以前都薄。

把煮好的小麥放置三天，正是那把打開大門的鑰匙。因為小麥在放置的過程中出現了發酵效果，水分滲進小麥的內部，出現良好的發酵效果。因為之前都是直接把煮好的小麥放進攪拌機攪拌，小麥的內部還有堅硬的內核，因此無法得到想要的食品。放置三天後做出來的營養型麥片正是家樂氏想要的食品。家樂氏把這種食品賣給病人，獲得了巨大成功。這個案例告訴我們，可能我們在努力和行動以後依舊失敗，但是行動在任何情況下都會獲得補償。

　　我們再來看另一個例子，這個例子並不是直接獲得成果，而是間接獲得了成果。這是一個煉金術的例子。儘管經過千年的努力，煉金術終究以失敗告終。但是從另一個角度來看，就製造金子這一原本目的而言，煉金術雖然失敗了，但是人們積累的經驗和知識相互結合，結出了另外一種果實。那就是化學這門學問的發展。化學出現後，人們合成氮肥，為糧食增產作出了貢獻，並發明出戰爭所需的火藥（TNT）等，一度讓歐洲稱霸世界。此外，當前歐洲在化學和科學領域的前沿地位也和中世紀的煉金術有關。

　　努力和行動即使不會得到某種直接性的結果，也會以某種方式得到補償。人們得不到結果的最大原因就是光想不做。

　　不要苦惱，只要你有行動，不管是直接性的還是間接性的，總能獲得回報。所以，提前擔心得連開始都不敢的人才是傻瓜。希望你能立即確定你想要什麼，並且付諸行動。行動總能獲得某種形式的回報。

Writer's Talk

解釋時最愚蠢
而傻氣的理由
就是「我沒有時間」。

——愛迪生

II.

喜歡就投入其中
賦予動機 motivation encouraging

創造成果的決定性因素是什麼？
投入其中，會獲得更好的結果。
而這種投入是從強烈的動機開始的。

有一種現象叫做「湯姆索亞效應」，它源自美國近代文學之父馬克吐溫（Mark Twain）的代表性小說《湯姆歷險記》主人公的名字。小時候，誰都讀過《湯姆歷險記》，裡面的主人公湯姆就是個調皮鬼。他三天兩頭跟朋友打架，還到大人禁止去的地方去調皮搗蛋，就是個搗蛋鬼。

有一次，湯姆調皮搗蛋以後，被罰給院子外面的柵欄刷油漆。他闖了禍當然要受罰，就在他不得不給柵欄刷油漆的時候，他的朋友們從旁邊經過。湯姆靈機一動，想到了一個好主意。他想誘惑朋友們刷油漆是一件非常有意思的事情，讓朋友們幫他刷油漆。所以他把朋友們叫過來說，刷油漆特別有趣，你們要不要試一試？朋友們根本沒有料到湯姆是在受罰，爭先恐後地舉手要刷油漆。最後湯姆「只好」一臉不高興地把刷油漆的權利讓給了朋友們，自己看著朋友們刷油漆，舒舒服服地完成了任務。

即使是懲罰，如果自己願意做，那就會變成一件無比有趣而心甘情願的事情，相反，不管是多麼喜歡的事情，如果是別人安排你來做，那就會變得沒意思。即使是相同的事情，有時會是有趣的，有時就會變成讓人討厭的事情。

我們從企業的角度想一想。一般，我們認為報酬越高，人們就會更投入，從而獲得更大的成果。但是無數研究都在告訴我們，金錢上的報酬並不能打動人。通過外部的報酬或者壓力

來打動人，作用是有限的。

　　而方法我們可以通過湯姆的故事知道，那就是讓人們喜歡上這件事。因為喜歡會讓人更投入，而更投入就一定會獲得更好的結果。這次，我想向大家介紹幾個與誘發人們動機有關的研究，這些研究既典型又有趣。我希望讀者們在這些研究的基礎上想一想，該用什麼方式去打動人。

鼓勵的作用

鼓勵會降低成果？

一直以來，人們都認為賦予動機最正確的方法就是「鼓勵」。人們假設要想獲得成果，必須說明好處，人們的動力才會更大。看起來似乎是這樣，但是我們也能經常看到並非如此的情況。無數的企業都會激勵員工，告訴員工每年的「獎金」，卻常常無法獲得希望的結果。

動力和結果之間有什麼關係呢？這是一個讓人十分好奇的問題。而針對這個問題的研究也不少。通過這些研究結果可以發現，鼓勵並不能增加人們的動力，反而會降低人們的動力。我們先來看一下史丹佛大學心理學教授馬克·列波爾（Mark R. Lepper）[1] 的研究吧。他研究了激勵究竟會對增加動力產生多大的積極影響。

他把幼稚園的學生分成兩組，給學生佈置了畫畫的作業。他告訴第一組的孩子，如果繪畫作業完成得好，就能得到獎勵，而對第二組孩子完全沒有提到獎勵的事情，只是讓他們完成作業。不過在完成作業的時候，獎勵了做得好的學生。

實驗結束兩周後，他再次把幼稚園的孩子們聚集在一起，然後給他們蠟筆和繪畫紙，讓他們想做什麼就做什麼。他只是

向學生提供了這兩種東西，並沒有說讓學生做什麼。研究人員觀察了學生的反應。孩子們所在的房間裡除了繪畫工具，還有各種各樣的玩具，孩子們也可以選擇自己喜歡的玩具玩耍。那麼在兩周前的實驗中獲得鼓勵的孩子和後來獲得獎勵的孩子中，會有多少人選擇畫畫呢？

　　事先說好有獎勵的孩子和事後獲得獎勵的孩子反應並不相同。第二組孩子，也就是一開始並沒有提到獎勵，在畫畫作業結束以後得到獎勵的孩子裡，有 16.73% 的孩子選擇了畫畫。而第一組，也就是事先說好會有獎勵的那一組，只有 8.59% 的孩子再次選擇了畫畫。兩組孩子出現了接近兩倍的差異。更令人驚訝的是，沒有提到獎勵的孩子對畫畫本身更加好奇。

　　事先說好獎勵的那一組孩子，對繪畫的喜愛度降低了，而事後才獲得獎勵的那一組孩子，對繪畫的喜愛度反而升高了。一般，我們認為事先說出獎勵會更有效果，但實際上卻出現了完全不同的效果。為什麼會出現這樣的結果呢？

圖表 20　是否事先說好獎勵相對應的畫畫孩子比例

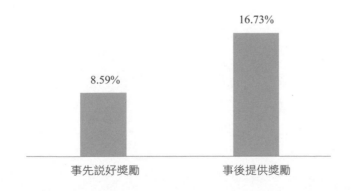

　　因為事先說出獎勵後，獎勵就會成為一種條件，人們對事情本身的喜愛程度反而會降低。事先的激勵形成了一種交易關係，人們可能會失去對事情本身的興趣，而更關心報酬和獎勵。想給報酬反而會降低人們對事情本身的關注和注意力。相反，事先並沒有提及獎勵，事後又給予獎勵的那組孩子，對畫畫本身具有好奇心，而且事後得到沒有期待過的禮物，會讓孩子更喜歡和享受這件事。

　　雖然這個實驗是針對幼稚園學生進行的，但在成人身上，同樣沒有太大的區別。事先說出報酬可能會讓人失去對事情本身的興趣，因此在事先說出獎勵時需要慎重。

　　更進一步來說，還有一項研究結果表明，給予很多外部的補償，任務成果反而會降低。杜克大學（Duke University）經濟系的丹‧艾瑞利（Dan Ariely）教授帶領研究團隊 ② 進行實驗，觀察了外部補償和成果之間的關係。他們在印度做了這個實驗（如果在美國實驗，要花太多的錢，因此選擇在物價較低的印度進行實驗）。

　　首先，他們募集了 87 名實驗對象，把他們分成三組，並讓各個組分別進行記憶主題、創意性主題、運動主題等六個主題的遊戲。然後觀察了提供外部報酬對這些主題的完成情況有什麼影響。

　　他們告訴第一組的人，如果完成目標，就給 4 盧比。在進行研究時，4 盧比相當於當時印度人一天的平均消費。然後告訴第二組的人，如果完成目標，就給 40 盧比，也就是日平均消費的 10 倍。第三組則給予 400 盧比，也就是日平均消費的

100 倍。究竟哪一組會有更多的人完成目標呢？

　　人們一般認為，肯定是獎勵 400 盧比的那一組完成目標的人更多，但是結果恰恰相反。比起提供 4 盧比或 40 盧比的外部獎勵來，獎勵 400 盧比的那一組，完成結果明顯降低了。獎勵 4 盧比時，完成目標的比例是 36.7%，而獎勵 400 盧比時，完成目標的比例只有 19.5%。給更少的獎勵，結果完成比例反而更高。究竟為什麼會出現這種完全相反的結果呢？

圖表 21　獎金數量與對應的目標完成率

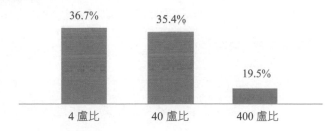

　　這與對幼稚園學生進行的那項研究的結果是一脈相通的。因為提前說出獎勵，會產生一種強調的效果，比起任務本身，人們會更加關注外部獎勵。也就是讓人本末倒置。因此給的獎勵越多，成果反而越低。在後續的許多研究中，也出現了類似的結果。

　　韓國企業從 1990 年代中期開始採用外部獎勵，也就是激勵體系。因為人們認為，比起懲罰來，獎勵更容易打動人。剛開始實行這種獎勵體系時，的確獲得了成效。但是如此長時間地採用相似模式的激勵制度，現在的激勵制度已經無法對提升

人們的動力產生大的影響了。基於前面提到的研究結果思考一下，我們就能知道，隨著時間的流逝，人們變得只是會去關注報酬本身了。

其實，根據筆者的經驗來判斷，激勵制度的效果幾乎為零。就算是良藥，也要在正確的時候準確使用，才會有效。約定外部獎勵可以從一定程度上增加人們的關注，是增加動機的一種方式，但在人們習慣了以後，反而很可能會帶來副作用。

比起收益來，人們對損失更加敏感

人們對損失特別敏感。比起得到，人們對損失更加敏感。舉個例子，假設我們向兩個人建議他們的年薪是 5,000 萬韓元，那麼這兩個人對這個年薪的滿意度是多少呢？我們向這兩個人提出的條件是完全相同，但是從接受者的立場來說，卻可能出現不同的滿意度。其中一個人去年的年薪是 4,000 萬韓元，而另一個人去年的年薪是 6,000 萬韓元。那麼現在會怎樣呢？第一個人會因為年薪漲了 1,000 萬韓元而感到幸福，而第二個人卻會因為年薪減少了 1,000 萬韓元而感到悲傷。年薪減少的人甚至可能會想：「是我沒用了嗎？」「這是讓我走人的意思嗎？」比起獲得利益的快樂來說，人們對損失的悲傷程度更甚。

比起獲得，人們對相同量的損失會感到更加嚴重的痛苦。在心理學上，這叫做「損失規避（loss aversion）」。行銷中廣泛運用了這種損失規避心理。利用這種心理，可以讓消費者更快地作出選擇，並且消費得更多。各個方面都可以利用這種

心理特性。那麼我們首先需要瞭解什麼是損失規避。我們來看一下相關的研究結果。

哈佛大學的羅蘭·弗萊爾（Roland Fryer）認為美國公立教育教師的教學動力太低是有問題的，他很苦惱要怎樣才能讓教師更有動力。美國公立教育的教師不論是否努力工作，只要時間到了就會晉級，因此他們完全沒有必要努力工作。

研究團隊在低收入階層居住的芝加哥募集了 150 名教師。然後把這些教師大致分為兩組，並在 2010 年 9 月學期開始前給了第一組教師 4,000 美元的支票。條件是如果教師的教學成績達到目標分數，就能把錢兌換出來，如果達不到目標，那麼第二年六月份就必須全額退款。方便起見，研究團隊把這一組叫做「損失組」。而另一組並不是提前給錢，而是如果達到期望的分數，第二年六月就能獲得 4,000 美元的獎金。這一組叫做「獲得組」。然後把這兩大組分別分成兩小組，一共分成了四個小組。每一個大組由個人小組和兩人小組組成。也就是說一共分成了個人損失組、個人獲得組、集體損失組和集體獲得組四個小組。

然後研究團隊記錄了一年之內這些教師指導的學生的學業成績。簡略來說，結果如下：損失組的教師提前拿到了 4,000 美元支票，如果達不到目標，就必須把錢還回來，這一組的教師十分努力地教學，學生的數學成績平均提高了 6.28 分。與此相反，達成目標就能獲得 4,000 美元獎金的教師，他們的學生平均成績只提高了 1.94 分。同樣是 4,000 美元的獎勵，

圖表 22 給獎金的時間及個人、集體相對應的成績差異

	獲得組 （事後提供 **4,000** 美元）	損失組 （事先提供 **4,000** 美元）
個人	1.94 分	6.28 分
集體	1.85 分	7.47 分

損失組提前拿到了錢，如果完不成目標就得把錢退回來，他們所取得的成績遠遠高於另一組。另外，集體組比個人組的成績更好。

我針對學生進行了一個相似的實驗。在考試前先給學生 20 美元，並告訴他們，如果考試成績沒有提高，我會把錢再要回來。結果在滿分 100 分的考試中，學生的成績平均提高了 5~10 分，而我許諾如果成績提高了就給 20 美元的那組學生，成績提高得沒有這麼明顯。損失規避心理不僅對教師有用，對學生也有用。

我們經常使用的是激勵方式是完成目標的話就有獎勵。但是根據上面的研究結果，運用「損失感」反而能獲得更好的效果。提前給予獎勵，如果無法完成就得還回來，所以為了規避這種損失，人們會付出更多的努力，最後獲得更好的結果。

這種損失敏感傾向對消費者的消費行為同樣會產生影響。南加州大學的朴忠桓教授帶領研究團隊 ④ 證明，利用損失敏感傾向可以進一步提高汽車的成交價格。研究團隊準備了兩種告訴顧客價格的方案。第一種方案是「添加配置方式（additive option）」。首先告訴顧客汽車的基本價格是 1.2 萬美元，然後每選擇一種配置，價格相應增加，如果選擇所有的配置，價格是 1.71 萬美元。第二種方案是「減少配置方式（subtractive option）」。首先告訴顧客，加上所有配置的價格是 1.71 萬美元，每去掉一種不需要的配置，價格相應減少，如果去掉所有的配置，價格是 1.2 萬美元。也就是說，這兩種方案中的基本價格都是 1.2 萬美元，所有配置的總價格都是 1.71 萬美元。只不過，前面的方案中，如果添加配置，價格隨之上升；後面的方案中，如果減少配置，價格隨之降低。那麼消費者的購買價格是什麼水準呢？

第一種方案「添加配置方式」中平均成交價格為 14,451 美元，第二種方案「減少配置方式」中平均成交價格為 15,361 美元。使用「減少配置方式」後，消費者購買了更加昂貴的產品。這是因為每次在添加配置時，消費者都能感覺到自己在花錢，並把這當成一種損失。相反，在採用「減少配置方式」時，每去掉一種配置都是在省錢，所以顧客在計算時會把這當做是一種優惠。因此採用「減少配置方式」是在更高的價格上讓顧客做決定。從平均價格來看，成交價格高了 910 美元。僅僅因為顧客感覺在損失或獲得優惠，就出現了這麼大的區別。

圖表 23　汽車配置推薦方式和相對應的實際成交價格差異

	基本價格	全配置價格	實際成交價格
增加配置方式	1.2 萬美元	1.71 萬美元	14,451 美元
減少配置方式	1.2 萬美元	1.71 萬美元	15,361 美元

同樣是 20 度，在冬天會讓人感覺溫暖，而在夏天卻會讓人感覺涼爽。深夜的圓月讓人覺得明亮得耀眼，而在白天卻什麼都看不到。同樣，人們感知世界的方式會根據情況而完全不同。我們從前面的研究中可以找到答案，即使是相同的內容，如果人們感覺是在損失，那麼人們感知到的程度就會被無限放大。因此面對對損失比較敏感的消費者或集體生活等方面，只要巧妙地加以運用，就能獲得你所期待的更好的效果。

羅密歐和茱麗葉效應

有一種現象叫做「羅密歐和茱麗葉效應」，指的是人們有一種心理，越是限制和禁止的事情，越是想去做。羅密歐和茱麗葉因為兩個家族的極力反對無法相愛而雙雙殉情。這是一個讓人悲傷的故事。但是如果兩個家族並不反對他們的愛情，那麼會怎麼樣呢？不僅可能挽救兩個年輕男女的生命，他們甚至可能會留下初戀的美好記憶而分手。他們選擇極端的背後是兩個家族的激勵反對，血氣方剛的青年男女奮起反抗，從而做出更極端的選擇。同樣，如果某件事情被限制了，反而會產生讓人更想去做的效果，社會學把這種現象叫做「羅密歐和茱麗葉效應」。在經濟生活中，我們也經常能夠看到這種效應，比如資源稀缺、禁止靠近或時間緊迫等情況。

我們首先來看一下資源稀缺的情況。1970 年代初，為了保護環境，佛羅里達州邁阿密市通過了禁止生產添加磷酸鹽的洗滌劑的條例。⑤ 但是其他的州並沒有禁止使用添加磷酸鹽的洗滌劑。因此居住在邁阿密的居民更想擁有添加了磷酸鹽的洗

滌劑，最後出現了邁阿密居民到附近的城市大量購買添加了磷酸鹽洗滌劑的現象，甚至開始出現囤貨居奇的現象。因為人們認為被禁止的東西更好、更有價值。這個事例就典型體現了羅密歐和茱麗葉效應。

接下來，我們再來看一個「禁止靠近」的有趣實驗。韋格納（Wegner, D.M.）和施耐德（D.J. Schneider）⑥ 做了一個實驗，他們從三一學院上心理學概論課的學生中募集了 34 名（男生 14 名，女生 20 名）參與者。學生被分成兩組，一組被禁止想起「北極熊」這個單詞，另一組則需要故意想到「北極熊」這個單詞。之後給學生五分鐘時間說出自己自由想到的東西，但每次想起北極熊這個單詞時，都要敲一下鐘。那麼被禁止想到北極熊的小組和被要求想到北極熊的小組中，哪一組敲鐘次數更多呢？

正如【圖表 24】所示，被禁止想到北極熊的小組在五分鐘內平均敲了 7.7 次鐘，而被要求想到北極熊的小組平均敲了 4.86 次。被禁止的小組反而平均多敲了 2.8 次。在這項研究中，北極熊是一個被禁止想起和靠近的單詞，但是正因為因為這個單詞被限制，人們才會更多地想起這個單詞。因此人們有一種越被禁止記憶和思考的東西，越是要記憶和思考的心理。

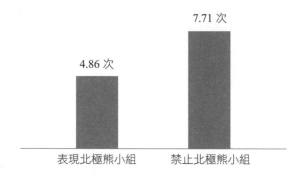

圖表 24 是否限制靠近特定單詞（北極熊）和相對應的想起次數

那麼這種越限制越是想做的現象是從什麼時候開始的呢？根據布雷姆（Brehm）和溫特拉姆（Weintraum）⑦ 的研究，從三歲小孩的行為中就能發現這種現象。從父母最討厭的三歲開始，孩子就會像青蛙一樣，父母禁止的事情，孩子越是要做，這種傾向不斷增加。研究人員對三歲小孩進行了一項可接觸和不可接觸的實驗。一個玩具被放進 30cm 高的玻璃箱裡，另一個則被放進 60cm 高的玻璃箱裡。30cm 玻璃箱裡的玩具，孩子只要把手放進去就能拿到，但是 60cm 玻璃箱裡的玩具，孩子必須要借助工具才能勉強拿到。然後研究人員觀察了孩子們對哪個玻璃箱裡的玩具更感興趣。

猛地一想，我們覺得孩子會選擇能碰到的玩具，但是結果完全相反。努力想拿到 60cm 玻璃箱裡玩具的孩子，比選擇 30cm 玻璃箱裡玩具孩子多三倍。當然，嘗試拿到 60cm 玻璃箱裡玩具的孩子，因為高度問題，並沒有拿到玩具。但是看得到卻摸不到，反而讓孩子更想拿到玩具。

在時間緊迫時，也出現了羅密歐與茱麗葉效應。比如，你看到一件產品，還在猶豫要不要買，結果出現了「即將結束」的字樣，你會怎麼做？網路購物和電視購物頻道經常使用「即將結束」的標語，並把商品剩餘量展示出來，這就是在誘導「羅密歐與茱麗葉效應」。利用了人們擔心買不到、要快點買的心理。

這是一家牛肉進口企業的實際案例。這家進口企業從澳大利亞進口牛肉，然後供貨給大型超市。但是由於倉庫管理員的失誤，庫存量掌握情況出現了問題，這家企業告訴買方牛肉生產量在減少，一級牛肉的供給量可能會大幅減少，於是買方的訂貨量開始增加。買方聽到供貨量很快就要減少，感受到了時間的緊迫性，因此迅速做出了這種決定。

消費者在受限時，購買欲會更高。在必要的時刻故意給顧客設定限制，商品的珍稀度就會增加，最後購買意向會更強烈。這就是「羅密歐與茱麗葉效應」。

讓海豚跳舞的讚美 VS 傷害海豚的讚美

什麼是賦予人動力的最佳方法？「讚美」不可或缺。有一本著名的暢銷書叫做《讚美讓海豚跳舞》，各種研究和媒體也在證明讚美的效果。讚美被當做提升成果的特效藥。但是也有研究表明，如果以錯誤的方式讚美別人，讚美反而會成為一種毒藥。錯誤的讚美會削弱成員的動力，降低成績，反而會給集體帶來負面影響。

哥倫比亞大學的克勞蒂亞‧繆勒（Claudia M. Mueller）[8]

在研究了讚美和成果之間的關係後，得出了一個相似的結論。她一共進行了 6 項實驗，我們來看一下她的一部分研究，並思考一下對我們的啟發和如何加以運用。

克勞蒂亞·繆勒帶領研究團隊募集了 400 名學生進行了一項智慧測試。這項智能測試跟一般的智能測試不同，設定的難度比較高，但在測試時並沒有把這個情況告訴學生。做完測試後，把成績告訴了每個學生。測試結果並不是真正的分數，而是一個虛擬的分數，研究人員告訴每一個學生，他們測試分數很高，準確解答出了 80%以上的問題。然後讚美了其中一組學生的「能力」，誇獎說：「這麼難的題目都能解出來，你真聰明。」並讚美了另一組學生的「努力」，誇獎說：「這麼難的題目都能解出來，你真的很用功。」

之後，給了兩組學生另外兩道題目，讓學生選擇其中的一道來解答。研究人員介紹，一道題目很難，但是能學到很多東西，另一道題目很簡單，雖然容易解答出來，但是能學到的東西少。那麼學生們會如何選擇呢？

在之前的測試中被誇獎「能力」的學生中，有 65%的人選擇了簡單的題目。而被誇獎「努力」的學生中，有 55%的人選擇了困難但是能夠學到更多東西的題目。被誇獎能力的學生為了保持自己的能力選擇了簡單的題目，被誇獎努力的學生為了保持自己的努力而選擇了更困難的題目。

一般，我們認為，如果稱讚別人的能力，會刺激對方的動力，從而更加努力。但是克勞蒂亞·繆勒的研究團隊發現稱讚能力反而會出現相反的效果。稱讚別人的能力會讓人得意，讓

人想要保持「我是有能力的人」。因此被誇有能力的人在選擇時，不會選擇困難的題目，而是選擇簡單的題目，從而維持和展現「我是有能力的人」。因為他們覺得一定要解決問題，才能繼續獲得「有能力」的評價，這種欲望更加強烈。但是這種盲目不斷重複，人的實際能力就會降低。相反，稱讚努力會讓人產生動力，想要維持「我很努力」的形象，因此就算題目很難，也想去挑戰。因為想要完成難題而不斷努力，最終能力當然會得到提升。

接下來的實驗內容更有意思。在下一個階段，研究團隊讓學生做了一張更難的試卷，然後告訴每個學生，他們的分數不到 50 分，也就是說，告訴了學生一個比較失望的分數。然後問學生，為什麼這一次的分數這麼低。

結果正如【圖表 25】，被誇讚能力強的學生覺得「因為我能力不夠」，而被誇讚努力的學生覺得「因為我不夠努力」。這種想法在挑戰其他的題目時，也影響了學生的動力。覺得自己能力不足的學生受到挫折，挑戰下一道題目的動力就會降低。相反，被誇讚努力的學生覺得自己分數低是因為不夠努力，因此在做下一道題目時，就會更加努力。

然後研究人員詢問學生，回家後會不會繼續做題，覺得做題快不快樂。結果被誇能力強的學生繼續挑戰的欲望降低，並回憶說做題時並不快樂。相反，被誇努力的學生回答說，自己會繼續挑戰做題，並且從解題中得到了快樂。

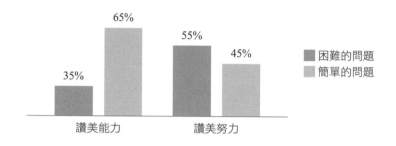

圖表 25　讚美的類型和相對應的問題選擇和失敗原因分析

Q.實驗失敗的原因是什麼？

	稱讚能力	稱讚努力
能力不足	20.94%	7.75%
不努力	7.13%	20.06%

Q.繼續挑戰題目嗎？快樂嗎？

	稱讚能力	稱讚努力
繼續挑戰題目	3.44%	4.62%
解題時很快樂	3.92%	5.19%

　　同樣是讚美，結果卻如此不同。讚美努力能讓海豚跳舞，而讚美有能力卻會毀掉海豚。不過還有更令人驚訝的一點，比起沒有被誇獎的學生來，被誇能力強的學生成果要更低。稱讚能力所帶來的結果還不如什麼都不說。

　　之所以會出現這種結果，是因為人有「自我提升的需求

（need for self enhancement）」。被誇有能力會讓人在短時間內得到自我提升需求的滿足，但同時會讓人懼怕失去這一切，從而回避挑戰，最終導致能力降低。反過來，如果被誇努力，會發生什麼呢？這時同樣會出現自我提升的需求，人們會以努力者的形象滿足自我提升的需求，從而不斷挑戰。

讚美能讓海豚跳舞。但是並非一定如此。反覆誇獎「腦袋聰明」「有能力」等結論性的東西，反而會讓人懼怕失敗，不想挑戰。但是如果誇讚對方努力，過程就會變得更重要，讓人不懼怕新的挑戰。怎麼讚美才好呢？不要讚美別人的能力，要讚美別人的努力。這會讓集體和成員共同成長。

五分鐘的對話能夠改變工作態度

隨著企業間、品牌間的競爭越來越激烈，鼓舞員工的士氣就顯得愈加重要。因為員工動力的大小決定了工作成績的高低。相反，從員工的角度來看，現在的工作環境比過去更加惡劣。過於繁重的工作、經常性加班、工作業績的壓力等越來越嚴重。當所有人都疲憊不堪時，怎樣才能幫助員工增加動力呢？根據賓州大學教授亞當‧格蘭特（Adam Grant）⑨ 的研究，有一種方法可以通過五分鐘的對話增加對方的動力。

亞當‧格蘭特苦苦思索工作動力不足的原因是什麼。他假設，最大的問題在於員工並不知道自己的工作究竟用在了哪裡，也不知道自己工作的價值。他想，如果告訴員工他們的工作有什麼價值，幫到了誰，那麼員工的工作動力應該能高一些吧。因此，亞當‧格蘭特教授針對工作動力最低的呼叫中心員

工制定了提升工作動力的方案。

　　首先，他把所有的呼叫中心工作人員聚集到一起，並告訴他們，他們的收入被當成獎學金，鼓勵家庭困難的學生，學生們學習時心懷感恩。然後他們把呼叫中心的工作人員分成了三組，並讓他們體驗不同的回饋。第一組員工見到了真正獲得獎學金的學生，並和學生交談五分鐘；第二組員工收到了這些學生的來信；第三組員工沒有採取任何措施。之後觀察了這三組員工的工作成績有什麼區別。

圖表 26 與捐款受益人的接觸程度和相對應的工作成績差異

	募捐額			通話時長		
	之前	之後	增加比例	之前	之後	增加比例
5 分鐘交談	185.94 美元	503.22 美元	271%	107.55 美元	260.73 美元	242%
收到信	251.67 美元	254.18 美元	101%	143.29 美元	147.05 美元	103%
無措施	231.63 美元	261 美元	113%	119.73 美元	178.93 美元	149%

　　第一組員工直接和學生進行了五分鐘的交談，這組員工一個月內的通話時間增加了 242%，向學生捐助的金額也驟增271%。相反，收到信的第二組員工和沒有採取任何措施的第三組員工，與之前相比並沒有太大區別。

　　除了呼叫中心，亞當‧格蘭特又對社區內的運動中心救護人員和工程師等多個職業的工作人員進行了實驗，結果和呼叫中心相同。和自己工作的最終消費者進行短短的交談，工作動力就會提高，工作態度也會更加積極。工作成績自然也更優秀。

　　如果人們知道了自己的工作究竟用在了哪裡，瞭解使用自己勞動成果的最終消費者對自己工作的印象，知道哪裡需要改進的話，工作動力和熱情就會自動提高，工作成績也會更好。根據格蘭特的研究，人們的工作成績至少會提高 171%，最多能提高 300%。在瞭解自己工作的價值後，人們的自尊心得到提升，工作動力水準就會提高，最後，工作成績自然會隨之提高。

　　在提升動力方面還有一個很有意義的實驗。那就是威斯康辛大學教授克拉克‧赫爾（Clark Hull）進行的迷宮實驗。他對在迷宮裡尋找食物的老鼠進行研究，發現在迷宮裡徘徊的老鼠，在靠近食物時越跑越快。這叫做「目標趨近效應（goal gradient effect）」。用一句話來說，距離目標越近，動力就越充足。一般地，在完成目標的過程中，人們的動力水準呈 U 字形。剛剛確立目標的時候，因為「確立目標」的新鮮刺激會讓人充滿動力，但隨著時間流逝，動力水準自然會降低。到一半的時候，動力水準又逐漸提高。

　　因此在工作中，管理 U 形圖的下半部分是非常重要的。為了防止工作逐漸變得無聊而沒有意思，需要把目標分成一個個的小目標，讓 U 字形的上升曲線不斷連接。

例如，哥倫比亞大學的蘭·克沃茲（Ran Kivetz）[10] 教授比較了曾經比較了兩種積分卡。一種積分卡集齊 10 枚印章能免費獲得一杯咖啡，另一種積分卡集齊 12 枚印章能免費獲得一杯咖啡，但是積分卡上已經蓋了兩枚印章了。那麼到免費喝咖啡所花費的時間，也就是哪一種積分卡能讓人更快地喝完 10 杯咖啡。實驗結果顯示，拿到已經蓋了 2 枚印章的積分卡的顧客，買 10 杯咖啡花費的時間要比另一種積分卡短 20%。不僅如此，獲得積分卡的顧客和店內員工說的話更多，笑得更頻繁，情緒上的相互影響也更加明顯。同樣是要集齊 10 枚印章，已經蓋了兩枚印章，就會讓人認為能夠更快地完成目標。

圖表 27　蘭·克沃茲教授實驗中的積分卡範本

集齊 10 枚印章免費　　　　　包括已經蓋好的 2 枚印章，
　　　　　　　　　　　　　　共集齊 12 枚印章免費

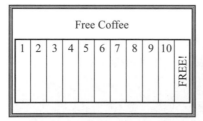 

正如實驗中所示，瞭解自己的工作對誰擁有怎樣的意義，能讓人更有動力，盡可能地縮短目標的距離，從而出現目標趨近效應。這就是讓人們行動起來的關鍵。

追求結果所帶來的壓力會導致最壞的結果

在企業中，做事成果變得越來越重要。這是因為企業全都在追求以成果主義為中心的文化。這種文化的核心就是競爭、報酬和懲罰。但是現在，這種追求成果的文化正在走出企業，擴大到學校、醫院、政府機關和公共機關。那麼這種成果主義文化究竟帶來了多大的變化呢？

它的確在一定程度上提升了成果，但是它帶來的副作用也不小。或許能夠做到保量，但是完成質的目標變得困難，最終成果反而降低了。

舉個例子來說。韓國有一家電子企業，手機事業部的核心指標就是開發了多少新產品。這樣一來，技術人員不再關注手機內部的技術，只是把手機外殼的設計稍加修改，就算開發出了一種新產品。這是因為必須完成成果指標而出現的情況。結果只是大同小異的仿製產品不斷增加，宣傳新產品的行銷支出不斷增加。最終，這家企業的成果降低了。原本是想提高成果的，反而出現了相反的效果。[11]

其實也有研究證明這種情況的確是事實。「多元智慧理論」之父 —— 哈佛大學教授霍華德‧加德納（Howard Gardner）很關注成果壓力的副作用，為了證明這一點，他進行了一項實證研究[12]。加德納研究的核心是隨著成果壓力增大，並不會出現優秀的成果，而是會出現一般的結果。

加德納為此同時進行了計量研究和品質研究。他針對美國72 個著名財務諮詢、審計團隊和 6 個戰略諮詢團隊，同時進

行了深度問卷調查和實例研究。把員工長達 81 個小時內進行
的共 45 次工作會議全都錄影,並在錄影的基礎上分析,隨著
成果壓力增加,員工們會使用什麼形態的知識,最終成果的水
準如何變化。首先,加德納把現場使用的專業知識分為兩類,
一種是「一般專業知識(general expertise)」,另一種是「特
殊領域專業知識(domain-specific expertise)」。顧名思義,
一般專業知識是指隨著時間流逝而自然獲取的常識所對應的知
識。任何一個人都能夠想到這種水準的知識,因此使用這種知
識只能創造出一般的成果。相反,特殊領域專業知識是指在工
作中習得的特殊專業知識。運用這種知識能夠創造出更加優秀
的成果。

圖表 28　成果壓力和對應使用的專業知識領域

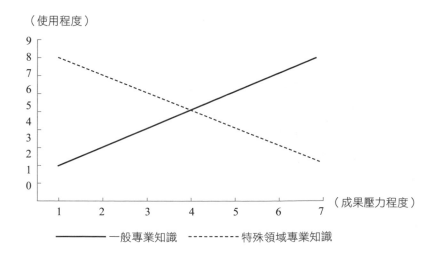

　　隨著成果壓力的增加，人們究竟會更多地使用哪一種形態的知識呢？從【圖表 28】中，我們可以簡單瞭解這項針對 78 個專家組進行的研究的結果。

　　隨著成果壓力的增加，工作參與者傾向於更少地使用特殊領域專業知識，而更多地使用一般專業知識。運用常識水準的知識，自然無法創造出優秀的成果，只能創造出一般水準的成果了。那麼為什麼會出現這種情況呢？

　　因為隨著成果壓力越來越大，比起創造更好的成果，人們更懼怕因為無法創造出成果而在競爭中遭到淘汰。所以人們會更傾向於選擇所有人都知道的一般常識，在競爭中以不被淘汰的水準完成工作。這樣一來，結果自然會平平無奇。這和前面提到的電子企業手機事業部結果相同。

　　與此相反，成果壓力越小，人們就更傾向於使用特殊領域專業知識。比起關注外部評價和事情的負責來，人們更注重的是解決問題，因此會努力尋求各種解決問題的方案。最後自然會創造出充滿創意的成果。

　　我們來整理一下。美國通用電氣公司傑克·威爾許（Jack Welch）所信奉的企業成果主義的確帶來了一定的成效。但是隨著競爭加劇，追求成果的壓力逐漸增加，人們害怕被競爭淘汰，開始更多地使用一般性的知識，從而創造出平平無奇的成果。用一句話來概括，人們覺得只要做到中等水準就可以了。即使擁有對完成該項目有用的專業知識，也不想分享，而是使用所有人都知道的一般性知識。因為採用保險方式的心理更加強烈。

　　因此，追求銷售額和成果而壓迫員工的經營者們需要銘記一點。因無法立即獲得眼前利益而鬱悶是可以理解的，但是眼前的利益也不是立即就會出現的。而且盲目地成果壓力會讓員工尋求解決安全問題，而非解決創意性問題，長期來看，會給公司帶來巨大的損失。如果你也在日復一日地用數字壓迫員工、奴役員工，那麼現在必須立刻停止這種做法了。

　　成果壓力能夠發揮一定的效果，但是當個體感受到威脅時，就會立即變成副作用了。不管是什麼，過度都不是件好事。要記住，必須使用員工能夠承受的適當的成果壓力。這樣會更加有效，也能夠找到讓企業和個人都幸福的折衷點。

Writer's Talk

他們展示自己做過的東西，
並說「必須要這麼做」。

但是我認為
必須要跟現有企業的方法不同
才能夠生存下來。

——史蒂夫・賈伯斯

讓聰明的消費者動起來

谷歌首頁十分簡潔的原因

消費者選擇的範圍越大越好，還是越小越好呢？有句話叫做多多益善，從傳統經濟學的觀點來看，消費者更喜歡看各種都齊全的東西。因為人們認為既然是買東西，看到各種各樣的產品能夠做出更好的選擇。但是有研究顯示，產品的種類越多，消費者的購買比例反而越低。這種結果與人們目前的認知不同。哥倫比亞大學的希娜‧艾恩嘉教授（Sheena Iyengar）和史丹佛大學的馬克‧萊珀教授（Mark Lepper）共同進行了這項研究[13]。

希娜‧艾恩嘉教授和馬克‧萊珀教授在加州門洛派克市設置了隨機櫃檯，用於研究該地區的食品店。在為期 2 周的時間內，櫃檯上陳列著各種果醬供前來購物的消費者挑選。有一次，櫃檯上陳列著 24 種果醬，而另一次，櫃檯上陳列了 6 種果醬。從而對選擇範圍大和選擇範圍小的情況加以比較。之後觀察了關注果醬的人數和購買的人數。

陳列 24 種果醬的時候，前來購物的 250 名消費者中有145 人對果醬表示出興趣，達到了顧客訪問量的 60%。與此相

反，陳列 6 種果醬的時候，只有 104 人對果醬表示出興趣，比例為 43%。看到這裡，我們可以知道的確是展示更多種多樣的產品能有效吸引顧客的注意力。但是當調查實際購買率時，卻出現了迥然不同的結果。陳列 24 種時，只有 4 名顧客購買了果醬；而陳列 6 種時，有 31 名顧客購買了果醬。從比例來看，分別是 3%和 30%，幾乎是 10 倍的差異。陳列更多的產品，可以讓顧客更加關注產品，但是購買率只有 3%；而陳列更少的產品時，顧客的關注度降低了，但是關注果醬的顧客中，高達 30%的人購買了果醬。

圖表 29　果醬種數和對應的關注者數量及購買者數量

	關注的消費者	購買者數量
24 種果醬	145 人（60%）	4 人（3%）
6 種果醬	104 人（43%）	31 人（30%）
進店總人數	240 人	

　　為什麼會出現這種情況呢？因為雖然看到更多的產品是一件讓人開心的事情，但是很難全都加以比較。也就是說，產品群越多時，會讓人關注，但會讓人苦惱應該買哪一種，在真正購買的瞬間讓人猶豫不決。人的大腦所能思考的東西是有限的，如果同時出現太多方案，就會感覺處理資訊的能力不足，結果更傾向於不做出選擇。因此要想讓顧客高興，展示豐富多樣的產品是好事，但是如果要想讓顧客買東西，最好還是減少

產品種類。因為只有這樣，消費者才能輕鬆地比較產品，最終迅速做出選擇。

那麼顧客在不只是單純地對產品加以比較，而是需要積極行動起來時，也會出現相同的效果嗎？研究人員改變了一下情境，進行了一項補充實驗。

這一次，研究人員讓學生去看演出，如果提交報告說明對演出的意見或建議，就能夠獲得額外的學分。研究人員提供了一份演出清單，學生需要從中選擇想看的演出並觀看。研究團隊提供了不同數量的演出清單，並進行了實驗。他們向 A 組學生提供了 30 部的演出清單，而向 B 組學生提供了 6 部的演出清單。觀後感只要寫兩頁就可以。那麼結果會如何呢？結果與前面的研究相似。

圖表 30 演出清單數量和對應的觀後感提交者數量及完成作業能力

演出清單	安排人數	提交作業者	完成比例	作業水準
30 部	123 人	74 人	60%	7.79 分
6 部	70 人	52 人	74%	8.13 分

A 組學生拿到的是 30 部的演出清單，其中 60% 的學生提交了作業；而 B 組學生拿到的是 6 部的演出清單，其中 74% 的學生提交了作業。面對數量更少的演出清單時，有更多的學生完成了報告。那麼學生的作業水準怎麼樣呢？研究人員通過

內容分析發現，拿到 30 部清單的學生在滿分 10 分的作業中，平均得分為 7.79 分，而拿到 6 部清單的學生，平均得分為 8.13 分，B 組的作業水準比 A 組更高。因此拿到 6 部清單的學生，作業提交率更高，作業品質也高得多。不管是在買東西時還是在需要主動行為時，人們在面臨更多的方案時，反而會對資訊處理產生負擔感，減少自己的實際行動。

　　給得越多，行動會減少。在框架理論中，這被稱為「less is more 效應」，意思是越少的東西更多。其實要說到運用該效應引導消費者做出選擇的企業，世界上股票收益率最高的公司之一「谷歌」就是其中的典型。谷歌公司網站的首頁是完全空白的。這種形態完全符合 less is more 效應。與此相反谷歌的競爭者——雅虎首頁上的選擇功能表非常多。別的不提，至少從引導人們做出選擇的角度來看，谷歌很恰當地運用了 less is more 效應。另一個事例就是 iphone。一個按鍵可以進行所有的操作，並且可以直觀地加以使用，這一點也是同樣。不僅如此，廣告、宣傳、行銷、小冊子等也是同樣的。

　　並不是給消費者越多越好。給得越多，會讓消費者思考起來越複雜，從而難以做決定。想要傳達給消費者的東西越多，就越需要努力去減少。要想獲得更好的效果，反而要少給一些。

優秀銷售員的共同點

　　隨著產品的多樣化和市場競爭不斷加劇，銷售的重要性日漸突出。因為不管做出來的產品有多好，如果賣不出去就沒

用。但是要做好銷售，並不是一件容易的事情。在經濟狀況艱難時，要讓聰明的消費者打開錢包就變得更加困難，而且經常遭到拒絕絕不是一件輕鬆的事情。儘管如此，還是有一些銷售員取得了驚人的成就。那麼他們究竟是如何抓住了消費者的心理呢？

　　人們常常認為最厲害的銷售員性格比較外向。因為性格外向的人擅長社交，態度積極，喜歡與人交流。要想打動別人，首先要進入別人的空間，內向的人要進入別人的空間就不是一件簡單的事情。根據維基百科上的定義，外向的人「比起獨自一人，更喜歡與他人進行社交」，內向的人「更喜歡獨自一人待著」。因此人們假設，外向的人很快就能和別人親近起來，在要求別人做什麼時，也不會猶豫不決，最終提高銷售成績的機率更高。但是根據針對銷售和性格的關係的一系列研究，並沒有結果顯示外向的性格有助於提高銷售成績。結果與上面的性格外向對銷售更有益的假設相反。

　　密西根州立大學的巴里克（Barrick）研究團隊 [14] 表示，在針對外向性格和銷售之間進行的 35 項研究的基礎上綜合分析，發現外向性格和銷售成績之間的相關係數只有 0.07（相關係數高於 0.8 才有意義）。

　　那麼相反，內向的人更適合銷售嗎？也不是。賓州大學華頓商學院的亞當‧格蘭特（Adam M. Grant）教授 [15] 針對影響銷售成績的因素進行了多種研究。根據他的一系列研究，既不內向又不外向的中向性格者（ambivert）能夠獲得最佳的銷售成績。

　　亞當‧格蘭特教授按照內向、中向、外向的性格分別研究了銷售員的每小時收益。結果發現，偏外向的銷售員平均每小時銷售額為 125 美元，偏內向的銷售員平均每小時的銷售額為 120 美元。而性格中向的銷售員平均每小時銷售額最高，高達 155 美元。從三個月累計銷售額來看，偏外向的銷售員平均銷售額為 12,401 美元，偏內向的銷售員平均銷售額為 13,226 美元，而同時具備內向性格和外向性格的中向性銷售員，平均銷售額高達 16,393 美元。

圖表 31　性格和相應的銷售成績

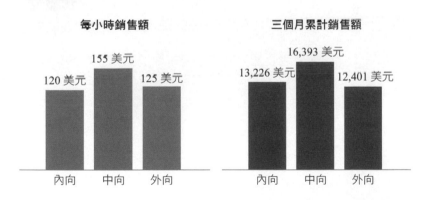

每小時銷售額

155 美元
120 美元　　125 美元
內向　中向　外向

三個月累計銷售額

16,393 美元
13,226 美元　　12,401 美元
內向　中向　外向

　　性格外向者的銷售成績比想像中低的原因是什麼呢？根據麥肯錫（Mckinsey）的研究 [16]，問題在於性格外向的人太過積極，社交性太強，太有攻擊性，經常聯繫對方。這就叫做過猶不及。自己說得太多，不認真聽對方講話，會讓對方感覺自己不夠關心人，不認真傾聽對方真正的需求。雄辯反而讓對方認

為自己是在強求對方，結果導致顧客離開。

那麼相反，內向的人為什麼銷售成績也不好呢？他們的原因和外向的人恰恰相反。他們太過害羞，很難開始銷售，即使開始了，也會小心翼翼，不知道如何收尾。

性格中向的人正好處於兩者中間，在需要聽對方講述的時候會認真傾聽，在需要說的時候又能說出來。因此人們會覺得更舒服，更容易敞開心扉。中向的性格能給人帶來好感。但是更有趣的是，從統計學來看，比起內向的人或外向的人來，中向的人更多。也就是說，大部分的人性格中向，因此我們中的大部分人都具有潛在的銷售能力。

如果你覺得自己性格偏內向，那麼你需要學習一下性格外向者的技巧。當事情不按照自己的想法發展時，可以進行「請求」。當然，最好還要練習微笑著明確地提出自己的意見和主張。相反，如果你的性格偏外向，那麼你最好學習一下性格內向者的幾種技巧。嘗試努力減少自己的發言，認真傾聽，摸索對方的心意。

沒有人是從頭到尾內向或者外向的。每個人本來就具有中向性格的傾向。不要忘記，發現自己所具有的中向性格，並在與人相處時，把內向性和外向性全都展現出來，這是抓住他人心理的最佳方法。

用實際體驗吸引人

不論你如何向消費者說明品牌的優勢，消費者都不會想要好好傾聽。理由很簡單，因為要處理的資訊太多了。現在市場

上依舊在不停地出現無數新產品，但是能夠吸引消費者注意力的只是少數。要怎樣才能讓消費者更加強烈地記住自己所製作的新產品呢？方法有很多，不過有種方法不是用產品吸引人，而是用產品帶來的「體驗」吸引人。

　　有一個人做出了很好的產品，卻因為無法吸引消費者的關注而苦惱不已。這個人就是奧的斯（Otis）。奧的斯是一個創業家，他發明了即使繩索斷掉也能保證安全的電梯——「奧的斯電梯」。電梯剛剛出現的時候，是沒有安全裝置的。偶爾轎廂上的繩索會斷開，發生嚴重的事故。從半空中瞬間掉落，乘電梯的人受傷是肯定的，出現死亡的情況也不是一次兩次。怎樣才能做出一種安全的電梯呢？苦惱的奧的斯從馬車上的剎車裝置中獲得靈感，發明了一種安裝了剎車裝置的電梯，即使繩索斷裂，電梯也能立即停下來。在當時，這是一種革命性的方法。繩索斷開的時候，電梯和牆壁上的齒輪互相咬合，能夠讓電梯立即停下。但是他發明瞭這種驚人的新產品後，人們卻一點都不關心。因為他沒有很好地介紹並突出這種產品的優點，無法讓自己的產品在不計其數的競爭產品中脫穎而出。

　　面對這一切，奧的斯開始思考，怎樣才能把自己製作的安全電梯簡潔明瞭而準確地告訴人們呢？最後，奧的斯認為在人們面前直接展示一下才是最切實的方法。他覺得親眼看到並體驗到才是最佳方法。所以他租了紐約最大的會議中心的展覽場地。他在裡面建了一座 3 層樓高的透明電梯，並親自進入了這座 3 層樓高的電梯，然後用斧子砍斷了支撐電梯的繩索。電梯開始直直地下墜。觀眾看到他用斧頭砍斷了支撐電梯的繩索，

全都被嚇了一跳。但是不到 0.5 秒後，電梯上齒輪形狀的剎車裝置就開始起作用，電梯停了下來。

　　人們紛紛發出讚歎。直到這時，人們才明白，奧的斯所說的安全電梯指的就是這種電梯。各個地區都邀請他去進行展示，奧的斯通過各種各樣的展示，開始打造一個讓人們無法忘記的強有力的市場品牌。

圖表 32　是否進行產品體驗和對應的消費者滿意度比較

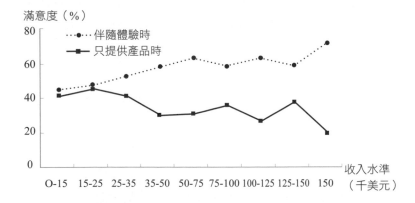

	體驗過的產品	一般產品
幸福嗎？	7.51%	6.62%
錢花得恰到好處嗎？	7.30%	6.42%
他人的反應好嗎？	6.78%	4.25%

奧的斯向消費者銷售的不是產品本身，而是產品帶來的體驗。人們十分瞭解電梯墜落時的危險性。但是通過奧的斯的電梯實驗，人們在現場強烈地體會到，自己可以逃脫這種危險，並記住了這種體驗。

這種體驗在我們周圍可以經常觀察到。比如，就算是買一輛 1 億韓元的汽車，開幾天之後也會變成一般的交通工具，但是花 300 萬韓元辛辛苦苦去參加一次背包旅行，卻會隨著時間的流逝成為美好的記憶。汽車帶給人的體驗是有限的，而背包旅行帶給人的體驗是無限的。

那麼企業應該怎麼做呢？不要僅限於銷售產品，而是要把跟產品有關的體驗傳達給消費者。科羅拉多大學的利夫・范博文（Leaf Van Boven）教授和康乃爾大學的湯馬斯・吉洛維奇（Thomas Gilovich）教授 ⑰ 證明，與單純購買產品的消費行為相比，提供了體驗的消費行為能夠明顯帶給人更多的幸福感。他們通過對消費者的問卷調查，分成單純購買產品的情況和購買時伴隨體驗的情況，並調查了各種情況下消費者的幸福程度。結果顯示，購買時伴隨體驗時，消費者能夠感受到更強烈的短暫幸福感，給人生帶來更加積極的影響，並且消費者感覺錢花得更有價值。有趣的是，在他人看來，購買伴隨體驗的產品看上去更好。

這一次，他們又觀察了隨著收入水準的變化，伴隨體驗的消費行為能夠對個人的幸福感帶來什麼影響。結果發現，收入水準越高時，人們能夠從伴隨體驗的消費行為中感受到越大的幸福。

結論就是，比起單純地說明功能和作用來，說明產品帶給人的感受更加有效。被稱為日本家庭購物的銷售達人高田明（Takata Akira）也是目前日本 TV 家庭購物排名第一的企業Japanet Takata 社長，他的銷售技巧的核心就是「提供產品的體驗」，而非產品的功能。例如，他在銷售數位答錄機時，對功能的介紹壓縮在 20%以內，而是重點介紹使用這款產品會帶來怎樣的體驗。比如「我把這款答錄機放在床邊，當想到一個創意的時候，就會立燒錄下來」，「我把這款產品放在壽司店的電話機旁邊，就能夠沒有任何失誤地接受顧客的訂單了。」因為高田社長十分清楚，說服消費者的關鍵就是增強消費者的體驗。

世界上最早的行銷公司「尼爾森（Neuro Focus）」的CEO 兼開發者普拉迪普（AK Pradeep）博士，也在研究調查中獲得了相同的結果。他發現，在汽車商場裡，播放汽車賓士在美麗的風景中的影像，人們的平均關注時間是 87 秒，但是播放類似消費者實際駕駛感覺的影像，人們的平均關注時間是143 秒。為什麼呢？美麗風景中的汽車只會成為人們欣賞的對象，而在當人們體驗到自己正在駕駛的感覺時，就給人們提供了參與的體驗。

當今時代，吸引消費者的注意力正在逐漸變得越來越困難。但是如果知道了方法，反而會有更多的選擇。像奧的斯，像高田明，答案就在於運用與產品相關的愉悅體驗。

因為「孤獨感」而掏出錢包的人們

現在，所有的購物都可以在家裡完成。進入網路購物，從反映最新潮流的衣服到電子產品，全都可以買到，即使不去商場購物，只要點擊一下滑鼠，吃的東西就有人迅速送到你的門口。打開電視，家庭購物裡不僅賣吃的和穿的，甚至在賣旅行產品和保險產品，從消費者的立場來看，這的確變得更加方便，但也讓消費者隨時都暴露在衝動購物的危險之下。在看到商品時，人們會因為覺得好像現在就需要而購買，但是經常很快就會後悔。

不過有研究結果表明，這種衝動購物最大的原因之一是「孤獨感」。更有趣的是，孤獨感分為兩種，對哪一種孤獨感的感覺更強烈，決定了衝動購物的傾向。年輕人在感受到「社交性孤獨感」時更容易衝動購物，而高年齡層的人在感受到「情感性孤獨感」的時候，更容易衝動購物。

佛羅里達大學教授加亞提・辛哈（Jayati Sinha）帶領研究團隊[18]研究了孤獨感對衝動購物會產生什麼影響。他們把孤獨感分為兩種，並觀察了人們在感受到哪一種孤獨感時會對衝動購物產生影響。

他們把孤單分為「社交性孤獨感」和「情感性孤獨感」。社交性孤獨感（social loneliness）是指身邊沒有人的時候感受到的孤獨感。也就是說，當沒有社交人脈和社交網路時，人們就會開始思念，是一種物理上的孤獨感。相反，情感性孤獨感（emotional loneliness）是指即使身邊有人，也感受到的孤獨

感。這是因為自己無法與他人分享內心感情而產生的孤單感。比如，當你和另一半在一起，卻沒有心靈上的交流，這時雖然不存在社交性孤獨感，但是會有一種情感性孤獨感。辛哈研究團隊觀察了這兩種孤獨感對衝動購物會產生什麼影響。他們得出的核心結論主要分為兩種。

第一，隨著年齡的增長，人們的孤獨感的程度不同，衝動購物的傾向也會隨之不同。研究團隊把參加實驗的人分為年輕組和高年齡組。年輕組共有 39 人，平均年齡為 21 歲；高年齡組共有 38 人，平均年齡為 58.7 歲。研究人員讓這兩個年齡層的人分別體會不同的孤獨感，並觀察了相應的衝動購物傾向。結果發現 20 多歲的年輕人在有社交性孤獨感時，衝動購物的傾向會增加；而 50~60 歲的高年齡層人們在有情感性孤獨感時，衝動購物的傾向會增加。也就是說，年輕人如果身邊沒有其他人（感知到社交性孤獨感時），就會衝動購物；高年齡層的人在身邊有人卻依舊感到孤獨的時候（感知到情感性孤獨感時），就會想要衝動購物。

為什麼會出現這種結果呢？那是因為年輕人在面對社交性孤獨感時，空虛感更加強烈；而高年齡層在面對情感性孤獨感時，空虛感更加強烈。因此人們在感受到孤獨感時，為了填補這種空虛感，就會想要衝動購物。當出現能夠填補這種孤獨感的產品或服務時，人們就會自動購買。

圖表 33 年齡和未來觀點相對應的衝動購物傾向比較

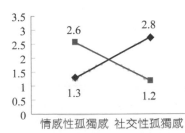

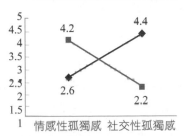

第二，根據視野所在，可以人為地刺激人產生社交性孤獨感或情感性孤獨感。研究團隊把實驗對象分為兩組，讓其中一組思考不久的未來，讓另一組思考遙遠的未來。在不久的未來條件下，對實驗對象說：「人生短暫，享受當下。請寫下 5 件想做的事情。」而在遙遠的未來條件下，對實驗對象說：「人生漫長，永遠都可以享受。請寫下 5 件想做的事情。」

結果顯示，人們在感受到社交性孤獨感時思考遙遠的未來，衝動購物的傾向會增加，在感受到情感性孤獨時思考不久的將來，衝動購物的傾向會增加。也就是說，讓社交性孤獨感比較敏感的年輕人思考「人生很長，慢慢準備吧」，就會讓他們感覺人生漫長，對漫長時間的相對空虛感會更強烈，為了填補這種感覺，衝動購物的傾向就會增加。相反，50~60 歲的高齡人群對情感性孤獨感更加敏感，讓他們思考「人生所剩不多

了，該享受就要享受」，就會讓他們感覺人生短暫，為了填補這種空虛感，衝動購物的傾向就會增加。

思考一下這項研究的結果，我們似乎就能夠理解為什麼年輕人把那麼多時間和熱情花在社交平臺上，為什麼年紀大的人會思念離開自己的子女和朋友。

企業必須思考應該如何填滿個體的孤獨感。只要能夠填補這種孤獨感，那麼個體的選擇自然就會增加。相反，個人在認識到自己衝動購物的原因是孤獨感以後，就需要減少不必要的衝動購物。只有這樣，後悔的次數才能減少。

說話押韻會更加有力

有一種簡報方式叫做「電梯遊說（Elevator pitch）」，就是指在坐電梯的三分鐘內進行遊說。用簡短有力的資訊，在短短的三分鐘內說服對方。說起來簡單，真正嘗試過的人才知道這究竟有多困難。要想在短短的時間內給對方留下深刻的印象，也是需要技巧的。

在坐電梯的短短時間內，把自己的想法深深地烙印在對方的腦海中，方法有很多，但最有效的還是「押韻效應（rhyme effect）」。顧名思義，押韻效應是指按照韻律來表達自己的想法，即使是同樣的話，也會讓烙印效果更明顯。

舉個例子來說明吧。1995 年，曾有一場龐大的審判引起了全世界的關注。美國最優秀的美式橄欖球運動員 O.J.辛普森（OJ Sympson）被起訴殺害其妻子，當時是最後一場審判。約翰尼‧科克倫（Johnnie Cochran）是辛普森的辯護律師，在最

終辯論中，他用押韻的方式進行辯論，從而揚名。當時辛普森審判中的決定性證據是一雙沾血的手套。檢察官主張辛普森帶著著雙手套殺人的，但是那雙手套太小了，辛普森都很難戴到手上。看到這裡，辯護律師用下面的韻律進行表達。

> If it doesn't fit, you must acquit.
> 如果它不合適，那麼被告人就是無罪的。

用中文很難表達出原文中的韻律感，但是英語中的「fit」和「acquit」押韻，讓這句話朗朗上口。這句話在法庭上響起，表達效果更被放大，對辛普森最後被判無罪起到了不小的作用。

這種押韻效應被證實在日常生活中說服對方的時候，也能起到很大的作用。傑出的詩人就是充分運用韻律的人，而傑出的演說家正是巧妙運用韻律的人。其實在 2000 年時，拉法耶特學院（Lafayette College）的馬修・麥格隆（Matthew McGlone）的研究團隊 ⑲ 就證明了韻律有集中注意力的效果。根據他們的研究，結合韻律表達出來的資訊能讓明顯人記得更加準確。

研究團隊給了參與實驗的人們 60 句押韻的名言和稍加改變去掉韻律的句子，並要求人們評價這些句子所描寫的情況是否準確。

例如，下面這句話。「life is mostly strife」中的「life」和「strife」是押韻的。把這句話中的韻律去掉，組成一個新的句

子「life is mostly struggle」。這兩個句子雖然意義相同，但是一個押韻，另一個不押韻。研究團隊一共準備了 60 組這種意義相同但韻律不同的句子，然後給普通消費者看，並觀察他們有什麼感受。

圖表 34 押韻的名言和去掉韻律的名言舉例及準確度評價

原來的名言	修改後的名言
life is mostly strife	life is mostly struggle
Woes unite foes	Woes unite enemies
What sobriety conceals, alcohol reveals	What sobriety conceals, alcohol unmasks
Caution and measure will win you treasure	Caution and measure will win you rich
Variety prevents satiety	Variation prevents satiety

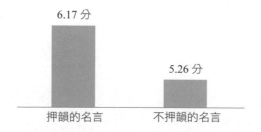

真正的實驗要更加複雜一些，但是如果簡單地說明一下，就是【圖表 34】中的情況。對押韻的句子是正確表達這一選

項，人們給出的平均分數是 6.17 分。相反，對意義相同但去掉了韻律的句子，給出的評論分數是 5.26 分。因此即使含義相同，比起不押韻時的情況來，押韻所表達的準確度要高得多。

　　為什麼會出現這種情況呢？是因為「資訊處理流暢性（processing fluency）」。押韻的表達符合韻律，人們在處理資訊的時候更加流暢，可以讓人多想一次，記起來也更加容易。這就是押韻效應。

　　在商務中也能經常看到這種押韻的表達。「Back to the basic」把「回歸根本」的意思用押韻的方式表達了出來。

　　「Coca Cola〈可口可樂〉」也用了押韻的方式，方便人們記憶。「Donald Duck〈唐老鴨〉」動畫片主人公的名字也押韻，朗朗上口又方便記憶。

　　語文在押韻時，其流暢性也會增加。某個班級的著名班訓「睡覺讓人做夢，學習讓人圓夢」是押韻的，著名韓劇《茶母》的著名臺詞「你痛我也痛」也是押韻的。「別人做是不道德的，你做卻是浪漫的」「你相信你看到的東西？還是只看你相信的東西？」也是押韻的。

　　我們所說的內容的重要性會逐漸增加。要想在短短的時間內打開對方的心靈，更清晰地記住你，那就試試押韻吧。既能保留語感，又容易記憶。

Writer's Talk

如果你自己不去做
任何人都無法
改變你的命運。

——貝托爾特・布萊希特（Bertolt Brecht）

管理一個有活力的團隊

要減少是非，就讓對方想一想「時間」

最近大部分的企業都有了獨立的道德管理組。這說明企業重視員工的道德管理，並開始花心思去進行管理。其實最可怕的就是員工的不道德行為。因為它雖然看不到，卻會給企業帶來巨大的損失。南陽乳業的胡言亂語事件、大韓航空的花生回航事件等顯示，不道德行為會對企業形象造成致命性的打擊，並帶來經濟損失。

大部分不道德行為都發生在把個人利益優先於集體利益的時候。那麼如果人們認為集體利益比個人利益更重要，不就可以防止這種事情的發生了嗎？

哈佛大學和賓州大學的共同研究團隊 [20] 發現讓人們想到「時間」時，能夠顯著降低不道德行為的比率。金錢是一種非常現實而自私自利（self interested）的東西。相反，時間是很抽象的，存在於所有地方，是一種和他人共用的概念。因此想到金錢的時候，人們會自私自利，而想到時間時，人們又會自我反省。這一點已經在阿克（Aaker）和拉德（Rudd）過去的實驗中得到證明 [21]。研究團隊十分關注這一點，並決定研究想

到金錢的時候和想到時間的時候，會在不道德行為上產生什麼
區別。實驗共分為四步進行。

　　第一個實驗是針對 98 名實驗對象進行的。首先把實驗對
象分成三組，把寫有「金錢」的卡片給第一組的人，然後進行
猜謎遊戲。這樣就讓第一組的人更多地接觸到了金錢的概念。
第二組的人拿到了寫有「時間」的卡片，然後進行猜謎遊戲。
這樣就讓第二組的人更多地接觸到了時間的概念。第三組的人
沒有接觸到任何單詞，只是進行普通的猜謎遊戲。

　　然後，讓參與者進行稍微難一些的數字遊戲。參與者需要
在 5 分鐘的時間內解出 20 道數字題。研究人員還提出一個獎
勵條件，解出來的題目越多，獎金越高，但最高獎金是 20 美
元。但其實在 5 分鐘內解出 20 道題目，這從一開始就是一項
不可能完成的任務。最後，這項研究的主要目的就是營造一個
容易撒謊的環境，並測定有多少人撒謊。

圖表 35　接觸金錢和時間的概念時相對應的撒謊比例

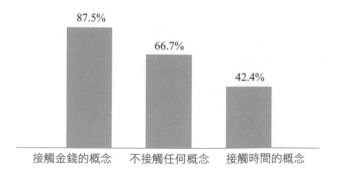

　　通過【圖表 35】，一眼就可以知道研究結果。接觸到金錢概念的人中，為了獲得更多的獎金，足足有 87.5%人撒謊。相反，接觸到時間概念的人中，撒謊的比例為 42.4%，比起接觸到金錢概念的人，撒謊比例減少了一半以上。有趣的是，沒有採取任何措施的對照組，撒謊比例達到了 66.7%。這個結果比接觸到時間概念的人要高很多。因此，讓人想到時間比任何情況下撒謊的幾率都會低。因為時間是抽象的，對所有人來說都是公平的，讓人想到遙遠的未來，所以會引導人們進行自我反省。

　　在第二個實驗中，研究人員決定研究人們在什麼時候什麼條件下會想要撒謊。跟第一個實驗類似，研究團隊依舊分成了想到金錢的一組和想到時間的一組。然後讓所有人在 5 分鐘的時間內盡可能多地尋找適合做歌詞的抒情詩。這時，又給出兩個小條件，並進行任務。一個條件是「這個問題是在測定你的智商，請盡可能多地尋找」，另一個條件是「這個問題是在測定你的性格，請盡可能多地尋找」。然後告訴四個小組，完成的任務越多，得到的獎金越多，之後測定了有多少人在撒謊。結果會怎樣呢？

圖表 36　性格‧智商測試，接觸金錢‧時間概念相對應的撒謊比例

	智商測試	性格測試
時間組	30.3%	28.6%
金錢組	50.0%	27.8%

　　結果顯示，在告訴實驗對象進行智商測試並讓其想到金錢的時候，撒謊的比率會增加。因為人們會想到這是在測試自己的智商，跟平時相比，撒謊的比率就會增加。再加上金錢的資訊，那麼撒謊的比率就更高了。要展示自己的個人能力，在加上金錢的概念支配了自私自利的想法，所以人們撒謊的比率就會更高。與此相反，經常想到時間時，在兩種情況下撒謊的比率都會降低。時間引導人們進行自我反省，而自我反省自然會減少撒謊的比率。

　　第三個實驗用到了鏡子。因為鏡子能讓人們回顧自身。根據研究，照鏡子就能讓人自我反省。因此研究團隊觀察了單純照鏡子的行為是否會降低人們撒謊的比例。為此，研究團隊共募集了 120 名受試者。給每個人 2 美元的參加實驗費用，並約定根據成果，最高支付 10 美元的報酬。

　　實驗對象分成 2 組。研究人員給了第一組 30 捆 1 美元的紙幣，並讓他們數清一共有多少張。然後給另一組的不是錢，而是從日曆牌上撕下來的一張張日曆，然後讓他們數清一共有多少張。數美元是為了讓人們想到金錢的概念，而數日曆是為了讓人想到時間的概念。這兩組又分為有鏡子和沒有鏡子的條件。讓一組提前照鏡子，另一組並沒有照鏡子的環節。也就是一共分成了四組。

　　然後在人們數了一部分的時候突然讓他們停下，並問他們數了多少張。為了保證準確，詢問兩次。然後記下他們數出來的數字，對他們說，要是多數一些的話，就能獲得更多的獎勵。這就具備了讓人們撒謊的條件。結果會怎麼樣呢？

　　結果如【圖表 37】所示，照過鏡子的人自我反省的傾向明顯高很多。因此照鏡子後，回顧自身的傾向會增加，最後撒謊的比率就會降低。相反，沒有鏡子又特意讓人們接觸到金錢的概念，那麼自我反省的傾向就會降低，撒謊的比率就會明顯升高。

圖表 37　是否有鏡子和接觸到金錢‧時間概念所對應的撒謊比例

	有鏡子	沒有鏡子
金錢的資訊	38.7%	66.7%
時間的資訊	32.1%	35.5%

　　總結來看，想到時間，自我反省的傾向會增加，結果就會更少撒謊。相反，想到金錢，自私自利的傾向增加，結果就會更多地撒謊。另外，照鏡子可以提高人們自我反省的比率。那麼如果你在運營一個集體，應該怎樣減少集體中的是非，就已經有明確答案了。

生意差勁的背後，只有差勁的員工

　　領導力的重要性再怎麼強調也不夠，尤其是決定者的領導力。因為一個人的領導力對整個集體都會產生巨大的影響。

　　最近，根據喬治亞理工學院的研究，上層管理者差勁的領導力會完全傳染給中層管理者，而受到影響的中層管理者會把這種差勁的領導力完全傳遞給團隊成員。其中，特別會對解決

問題時的創意性思維產生更大的負面影響。以前有句話說，在公婆家辛苦生活的兒媳婦，以後熬成婆婆會加倍折磨自己的兒媳婦，在領導力上，也會出現相同的效果。喬治亞理工學院的研究 [22] 證明了領導力是如何影響團隊成員的，現在我們來仔細看一下。

之前，大部分的觀點都是從積極的角度討論領導力的。例如，從尊重人格的角度對待下屬，會讓員工改善自己的態度和行為，從而產生協同效應，團隊的成果就會隨之提升。但是在實際工作中，比起帶來積極影響的領導來，作為反面教材的消極領導要更多。韓劇《未生》中也是一樣，比起好領導來，更多的領導無視自己的員工，隨意對待。像這樣隨意對待下屬，進行不當督導（abusive supervision）的話，在團隊內會發生什麼呢？研究團隊決定對領導帶來的負面影響進行研究。

首先來瞭解一下研究團隊所定義的負面領導力。他們所定義的負面領導力的核心內容是侮辱性的言語行為，包括對下屬進行貶低、嘲弄、訓斥、恐嚇，搶走員工的成果等行為。研究團隊觀察發現，表現出負面領導力的管理者比想像中要多。在很多地方都存在公私不分的現象，充斥著權威主義文化。

為了觀察負面領導力的影響，研究人員收集了美國中西部一家汽車零部件公司的資料。在第一階段，針對 153 名團隊領導和 25 個部門進行了問卷調查，在第二階段，針對 138 名團隊領導和 1392 名成員進行了問卷調查。他們在龐大的資料基礎上進行了分析，研究結果簡要總結如下：

圖表 38 上位者的言行和組員創新能力的關係

第一，上層管理者的負面領導力影響到了組長，他們的負面領導力最終對團隊成員的創新能力產生了負面影響。上位管理者的侮辱性言行越多，組長的侮辱性言行也會增多，最終職員的創意能力明顯降低。上樑不正下樑歪，出現了典型的「涓滴效應」。相反，如果上層管理者不對中層管理者進行侮辱性的言行，那麼中層管理者也會尊重組員的人格，最終創意能力得到提升。

企業和集體正在前所未有地關注成員的創新能力。因為他們不能再繼續做 fast follower，也就是快速模仿者了。但是影響團隊成員創新能力的最大因素之一就是領導的言行。這項研究的關鍵就是，一個集體的上層管理者擁有什麼樣的領導力，會對整個團隊的創新能力產生非常大的影響。最高層企業人員的言行舉止會對中層管理者的言行產生影響，中層管理者的言行決定了整個團隊的創新能力。高層領導經常進行侮辱性言行的話，中層領導也會這樣，最終自然會對成員的創新能力產生影響。

　　高層領導應該注意對自己的行為有更深的認識，並使自己的行為成為典範。因為即使你的目標是提高成績，如果你使用了侮辱性的言行，就會影響到整個團體，讓團體的創新能力降低。要想打造一個充滿創新能力的團體，首先要從檢查高層領導的領導力開始。

諾基亞和柯達所錯過的東西

　　諾基亞的衰敗讓很多人備受衝擊，同時也給人們帶來了危機感。因為沒有誰能永遠當第一，市場的可怕展現在人們眼前。曾縱橫世界手機市場的諾基亞瞬間倒塌，有著一百多年歷史的柯達也因為無法適應市場變化而轟然倒塌。當今時代真是只有不斷創新的企業才能生存下來，而固步自封的企業只能走向滅亡。所有的企業都想要創新，但是創新二字說起來容易，怎樣才能創造呢？創新的方法模糊不清。

　　有一項研究解決了這個矛盾，這是來自瓦倫西亞大學研究團隊 [23]。他們很好奇企業創新中最重要的變數究竟是什麼，於是開始了這項研究，並證明了組織學習能力（organizational learning capability）是企業創新中最重要的變數。組織學習能力是指每個成員具備的學習能力在集體的層面上得到昇華，並不斷學習變化和創新的力量。

　　瓦倫西亞大學研究團隊關注的重點，是觀察產品創新績效（product innovation performance）是如何隨組織學習能力發生變化的。他們把組織學習能力一共分成了五種。

　　第一種是實驗性（experimentation），體現了對新創意或

新提案的接受程度。第二種是冒險性（risk taking），指一個
組織對產品設計過程中的不確定性、失誤和錯誤的接受程度。
第三種是協同性（interaction with the external environment），
指每個人合作的程度。第四種是理解性（dialogue），意味著
不僅掌握表面的內容，而且瞭解字裡行間含義的能力。第五種
是決策參與性（participative decision making），指組織成員能
夠參與決策的程度。

圖表 39　瓦倫西亞大學研究團隊的研究流程

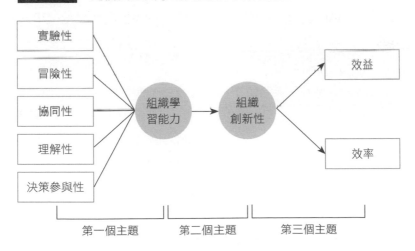

他們的第一個研究主題是觀察這五個因素是如何對組織學
習能力產生影響的，第二個研究主題是觀察這些因素又是如何
對提高產品的創新性產生影響的。然後他們進行了第三個研究
主題，那就是觀察這種結果是如何影響企業的效率和效益的。

為了研究這三個主題，他們觀察了義大利和西班牙陶瓷製造企業的 250 名員工。問卷調查是必須要進行的，他們還同時進行了面對面調查。結果發現，前面提到的五種變數就是實際決定組織學習能力的核心變數。從組織的角度，實驗性、冒險性越高，學習能力越強。從同樣的觀點來看，與外部的合作性越強，集體間的對話越通暢，職員的決策參與度越高，對變化的反應就越敏感。而組織學習能力越強的企業，產品的創新性越強，最終企業的效率和效益也會增加。

要想真正進行變化和創新，光喊口號是沒用的。需要整個集體營造讓成員可以實驗的文化空間，從集體的角度接受風險因素，鼓勵與外部的合作，相互間充分交流溝通，讓成員參與決策等。那麼組織學習能力就會自動得到提高，最終企業的創新性也會增強，企業的效率和效益也會一起變好。

現在還有很多企業雖然喊著創新，但實際上仍然保持著自上而下聽命行事的文化，充斥著權威主義文化。甚至有一些企業傾向於連一次失誤都不能接受。那麼成員最後全都會戰戰兢兢。看看孩子是怎麼學習成長的就能明白。實驗，挑戰，溝通，參與。這是真正的創新工具。企業和組織要想在競爭中不退步，那麼就必須準備好這項研究中提到的五種組織學習能力。

學習帶來答案

在前面，我們瞭解了決定組織學習能力的變數。學習能力中最重要的一點就是知識吸收得好不好。這一次，我們來具體

看一看這種學習能力中的知識吸收能力。

　　2013 年，國際管理學領域最著名的國際學術雜誌之一《國際商業研究期刊（Journal of International Business Studies）》評選並公佈了「JIBS Decade Award」。這個獎項是對過去 10 年間發表的論文進行評選，評出其中最具有影響力的論文。這個獎項每年發佈一次，是一個十分有權威的獎項。我接下來要介紹的一項研究就曾獲得這個獎項。這項研究之所以獲獎，是因為它發現了知識吸收能力是決定企業成敗的最重要因素，從學術和實踐角度啟發了人們。[24]

　　達娜・明巴耶娃（Dana Minvaeva）研究團隊開始研究，競爭日益加劇的現代企業要想獲得發展，最重要的因素是什麼。特別是全球的企業地理位置分散，採用相同的企業戰略，經常會出現出乎意料的結果。有沒有辦法既減少這種變動性，又獲得更好的結果呢？從他們的研究中可以知道，答案就在組織成員對新知識的吸收能力。

　　企業的吸收能力最終就是組織成員的「學習能力」。每名成員都有自己的基礎經驗和受教育水準，但是這裡所說的學習能力是指從組織的角度，一起學習並適應的組織學習能力。尤其，更重要的是成員是否在自己已有知識的基礎上，繼續努力學習。為此，必須要進行組織層次的教育，要有對成績的讚美、適當的報酬，並進行內部溝通等。如果這些條件都具備了，就會自動進行知識擴散，最終企業的成績會提高。也就是說，個人的能力、學習的動力是最重要的。

圖表 40 知識擴散的過程

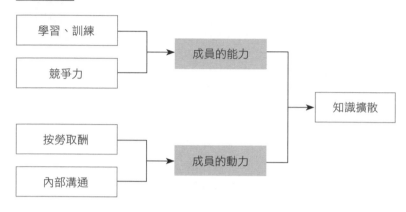

　　為了證明這一點，研究團隊從芬蘭、俄羅斯、美國等地的約 320 家外國子公司中，選擇了 168 家進行問卷調查。他們分析了收集得到的資料，最終得到了如下的結果：

　　對員工進行教育，有助於直接提升員工的能力。對工作成果的適當獎勵和順暢的溝通會影響成員的動力。而且只有當這兩種因素相互聯繫時，才會形成知識擴散。有趣的是，提高成員的能力和增加成員的動力是相互獨立的，互不影響。只有當這兩個條件同時具備時，才會形成知識擴散。簡單整理一下，就形成了【圖表 41】。

圖表 41　對 168 家公司進行調查問卷的結果

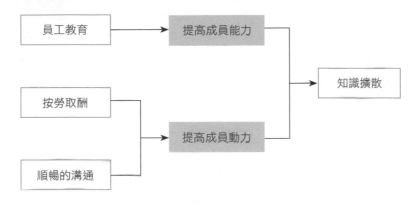

　　因此只有當成員動力足、能力強的時候，才會形成知識擴散，最終企業的效益也會隨之變好。那麼現在組織需要做什麼呢？對組織成員的教育進行投資，才是應對世界變化最智慧、最有效的方法。

重要的協商需要營造社區環境

　　人的意識受環境支配。因此即使發生同樣的狀況，當發生的環境不同時，人們的反應也會不同。根據史丹佛大學對「事物預示效應（material priming effect）」的研究，更多地接觸商務相關的物品時和更多地接觸交流相關的物品時，人們的行為是不同的。當接觸商務物品時，人們的自私心理會增加。如果這是真的，那麼在進行協商談判時，根據形成的環境不同，可以讓對方更加自私，也可以讓對方更加無私。

　　史丹佛大學的李洛薩（Lee Rossa）研究團隊 [25] 首先募集

了 25 名受試者,並把他們分為兩組。研究人員給了一組實驗對象 5 張商務相關物品的照片,然後讓每個人根據自己所認為的重要程度,對照片進行重新排序。這五種物品分別是公事包、鋼筆、會議桌、襯衫皮鞋、還有西裝。研究人員給另一組實驗對象的照片是五種跟商務無關的物品,然後讓每個人按照重要性對照片排序。這五種物品分別是天空中飛翔的風箏、電源插座、火雞、鯨魚、樂譜。

然後給每一組 10 美元左右的錢,告訴他們這是參加實驗的報酬,讓他們和自己的同伴一起分享。也就是說,每兩個人組成一組,只給其中一個人 10 美元,讓他和同伴分報酬。這時,讓拿到錢的人進行提議,讓另一個人決定是否接受這個提議。像這種一個人建議,另一個人做決定的遊戲,在經濟學和心理學研究上叫做最後通牒博弈(Ultimatum game)。最後通牒博弈觀察的是最終分配的合理程度,是經濟學和心理學研究上比較常用的一個概念。這個實驗的設計是觀察接觸了商務概念的集體和沒有接觸商務的集體分別會變得多麼自私。結果究竟會如何呢?

兩組人只有接觸的物品性質不同,但結果也明顯不同。接觸了一般物品的那一組,有 91%的人選擇跟同伴 5:5 公平地分配 10 美元的報酬。這種決定把雙方的利益全都考慮在內。與此相反,接觸到商務相關物品的那一組,只有 33%的人選擇公平分配。

其他人全都給自己分配了更多的錢。因為在接觸到跟商務相關的物品時,人們會更加計較「利益」,更傾向於選擇對自

己有利的分配方式。

那麼他們真的變得自私自利了嗎？為了解開這個答案，研究人員讓實驗對象做了一道填空題。需要填空的是一個單詞「c＿p＿＿tive」。實驗對象可以填「競爭的」「competitive」，也可以填「合作的」「cooperative」。結果非常有趣。接觸到商務相關物品的一組，有 70.6% 的人填的是「競爭的」，而接觸了一般物品的一組，只有 42% 的人填的是「競爭的」一詞。這個實驗表明，只要接觸到商務性的物品，人們的競爭概念就會更加強烈，從而做出對自己更加有利的決定。這就是事物促進效應。

為了確認是否只有在看到照片時才會出現這種結果，研究人員又進行了後續研究。他們向一組實驗對象提供了公事包、黑色資料夾和帶銀色裝飾的高檔辦公用筆。另一組實驗對象拿到的不是高級公事包，而是學生用的普通書包，不是資料夾，而是紙箱，不是銀裝飾的高檔筆，而是學校裡用的鉛筆。然後跟前面一樣，進行最後通牒博弈。那麼這次又會按照什麼形式進行分配呢？

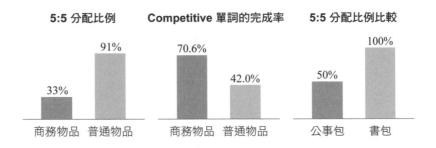

圖表 42 商務概念對分配帶來的影響

　　正如【圖表 42】的最後一張圖中所示，拿到學校裡使用的書包的實驗對象，100%選擇了按照 5:5 進行分配。他們認為雙方的利益都很重要。與此相反，拿到商務公事包的實驗對象，只有 50%的人按照 5:5 進行分配，剩下的人都選擇了對自己更有利的分配方式。這個結果與前面的實驗結果一致。

　　當反覆接觸商務風格的物品時，人們就會十分重視自己的利益，而當處於學校或社區的環境中時，人們就會相對變得更以社區為中心，從而考慮到所有人的利益。如果我們要進行談判，那麼我們把談判環境營造成商務環境更加有利呢，還是營造成社區環境更加有利呢？不只有協商，我們周圍營造的環境不同，思維也會隨之不同。

選擇能夠打破固有觀念的語言

　　長久以來，人們對女性所持有的固有觀念之一是「女性討厭數學」。事實真的如此嗎？為了弄清這個問題，加拿大約克

大學心理學系教授珍妮佛・史提爾（Jennifer Steele）等進行了一個有趣的研究 [26]。為了研究女性討厭數學究竟是天生的，還是文化上的學習所致，他們進行了如下三個實驗。

研究團隊募集了 50 名女大學生，大致分為兩組，然後展示了隱式促發（subliminal priming manipulate）。隱式促發是指在無意識的超短暫時間內，在電腦螢幕上顯示特定意義的刺激物。此次研究所用時間短到只有 1/800 秒。

給第一組女大學生反覆兩次展示了與男性相關的 20 組詞語。這時展示的詞語有叔叔、錘子、西裝、啤酒、少年、爺爺等。給第二組女大學生反覆兩次展示了與女性相關的 20 組詞語，這一次展示的是阿姨、玩偶、連衣裙、花、少女、奶奶等容易聯想到女性的單詞。在短暫的時間內分別展示了與男性、女性相關的詞語後，詢問每個人更喜歡人文學還是更習慣數學。結果會怎樣呢？

圖表 43　展示的性別資訊及對應選擇人文學和數學的差異

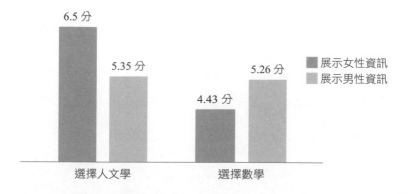

　　儘管只是在短短的 1/800 秒內看到了展示出來的資訊，兩組的答案依舊出現了差異。看到女性相關資訊的一組女大學生，更多地選擇了喜歡人文學，而看到男性相關資訊的女大學生，更多地選擇了喜歡數學。而她們只是看到的詞語的性質不同而已。

　　一般，人們認為比起數學來，女性更喜歡人文學。但是正如實驗中看到的，看到與男性有關的詞語時，女大學生對數學的喜愛程度增加了。也就是說，看到與女性相關的資訊時，更喜歡人文學，但在看到與男性相關的資訊時，對女性化的人文學的喜歡程度降低，而對數學的喜歡程度相對升高。因此，女性天生就討厭數學這句話是錯誤的。

　　但是想一想，讓女性直接看到男性化的詞語是非常明顯的一種干預行為。所以研究團隊改成在普通情況下進行了第二次實驗。

　　他們重新募集了 35 名女大學生，依舊分成兩組。然後向第一組女生提供了可以想到自己性別的線索。例如，在空白筆記本上寫下自己的性別，回答今天穿了什麼衣服、梳了什麼髮型、化了什麼妝等。雖然並沒有直接提示與女性相關的詞語，但是這些問題都能讓她們想到自己是女性。向第二組女生提供的是普通的線索。例如，讓她們寫下自己住在哪個社區，電話號碼是多少等。之後，讓這兩組的所有人都選擇對人文學和數學的喜歡程度。

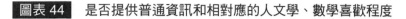

圖表 44　是否提供普通資訊和相對應的人文學、數學喜歡程度

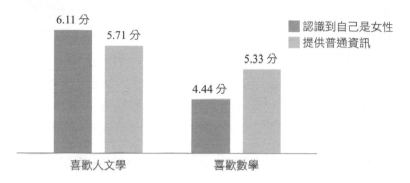

　　這一次的結果也非常有意思。讓女大學生想到自己的性別時，她們對人文學的喜愛程度就會增加，但是在提供普通資訊時，她們對數學的喜愛程度就會增加。雖然她們在想到自己的性別時會喜歡女性化的科目，但是只看到普通資訊時，對數學的喜愛程度就會更高。用一句話來說，讓女性想到自己的性別時，她們會喜歡女性化的事物，但是在接觸到普通刺激物時，對女性化事物的喜愛程度就會被抵消。

　　最後進行的第三項實驗是內隱聯想測驗（Implicit Association Test）。這種方法可以測試人們對特定概念能夠多快地進行聯想。研究人員把與女性相關的詞語給女大學生看，然後測量了他們聯想到人文學和數學的時間。結果發現，女性對人文學的聯想反應速度非常快，但是對數學的聯想反應速度非常慢。

　　整理一下，在很長一段時間內，女性學習的是與人文學相接近的內容，而與數學的距離很遠。結論是什麼呢？女性並不是天生就討厭數學。在給出與男性相關的資訊或普通資訊時，女性對數學的喜愛程度也會增加。因此，我們在分享某件事或賦予某種責任的時候，不能帶著性別上的固有觀念去判斷。同時，僅僅接觸詞語就能改變對方對某種事物的喜愛程度，所以要想得到想要的結果，就必須花心思把東西放在合適的位置。這種小小的顯露積少成多，就能夠改變結果。

Wrlter's Talk

你見過被關進動物園的
公獅子嗎？

按時供給食物，
母獅子就在身邊，
都不需要擔心獵人，
它擁有一切。

可是它為什麼看上去那麼無聊呢？

——金光洙在《哲學人間》一書中

III.

贏得好感，就能打開心扉

說服大眾 mass persuasion

得人才能叫做成功。
怎樣才能贏得對方的心，得到想要的成果呢？

做生意，有時候必須要俘獲人們的心靈。在必須要說服某個人的時候，在必須和對方協商的時候，在必須賣東西的時候，有時進行離職面試的時候也是這樣。在這些情況下，如果能夠贏得對方的心靈，就能得到更好的結果。那麼怎樣才能更輕鬆地獲得對方的心靈呢？

被稱為世界頂級的汽車銷售之王的喬·吉拉德（Joe Girard）是零售界的神話。他曾經一個人賣出了 13,001 輛汽車，創造了金氏紀錄。毫不誇張地說，全世界的銷售員都把他的銷售戰略當做標準進行學習，他成為零售界羨慕的對象。以平均率來看，他在 15 年內每天平均要賣出 2.4 輛汽車。想一想吧。這可不是幾百幾千塊錢的東西，而是幾十萬塊錢的高價商品，每天賣出 2 輛多，這得多麼厲害呀！不愧是傳說中的汽車銷售之王。

人們十分好奇，他究竟有什麼訣竅能賣出這麼多汽車，於是就問吉拉德的成功秘訣。但令人驚訝的是，他回答的內容非常簡單。顧客大多喜歡合理的價格，並且想要從自己喜歡的銷售員那裡購買汽車。吉拉德說：「如果是顧客喜歡的銷售員過來提出合理的價格，那麼這輛汽車就相當於已經賣出去了。」就是這兩個原則讓吉拉德成為世界頂級的汽車銷售之王。

聽他這麼說，不是很簡單嗎？適當的價格雖然有特殊性，但是只要對方喜歡上自己就能賣出去，這一點看上去格外簡單。但是究竟是不是這樣呢？想一下公司裡跟你一起工作的同

事和領導吧。要贏得他們的心容易嗎？是不是有些人不管你怎麼努力，都很難贏得他們的心？

　　這一部分介紹了研究人員研究贏得對方心靈方法的實驗，並列舉了實際在說服相關領域工作的人和企業的研究案例，我們要通過這些實驗和案例來瞭解大眾說服的秘訣。不要忘了，獲得好感就能打開心扉，就能夠有成效。

自信帶來好感

聘用溜溜球大賽冠軍的公司

你還記得為了進現在的公司而進行面試的時候嗎？面試就是在短短的瞬間抓住對方的心理。每個人都經歷過面試，誰都會面臨面試。因此，無數面試相關的書籍應運而生。這種時候應該怎樣做，那種時候應該怎樣做，等等。華盛頓大學的查德・希金斯（Chad A. Higgins）研究團隊 ① 十分好奇面試時面試官和面試者之間發生的事情，於是研究了怎樣才能提高面試通過率。

首先，研究團隊問面試官，在錄用員工時看的是什麼。幾乎所有的面試官都認為兩個標準很重要。第一，是否具有公司所要求的能力。第二，是否有長期發展的可能性。研究團隊分析了實際被面試官聘用的人，看是否真的符合這兩個標準。但是實際選拔的員工並不是按照這種標準來選拔的，更多的是根據完全不同的機制來選擇的。那麼是什麼因素決定了員工是否能夠通過面試呢？

那就是在面試的短暫時間內「能不能給人好感」。雖然面試官說能力和長期的發展潛力很重要，但是實際上在面試的時

候，能夠給面試官多大的好感起到了更大的作用。例如，與面試官擁有相同的興趣人，或者在面試時笑得詼諧幽默，或是在其他的領域有較高的成就。面試官對這些人更有好感，從而最終聘用他們。

這並不是面試官的個人問題。面試官本來想看對方的業務能力和長期發展可能性，但實際上並沒有一種合理的評價方法。因此只能通過共同的興趣愛好、面試的愉悅程度、面試者在其他領域的成就等，推測對方現在的能力和未來的發展潛力。我甚至聽說，韓國的某家大企業聘用了世界溜溜球大賽的冠軍，並把他分到了會計組工作。溜溜球大賽冠軍和會計沒有任何相關性。但是面試官認為，即便是溜溜球大賽，那也是國際性的賽事，這種能在世界比賽中獲得冠軍的人，其毅力和努力程度必定非凡。

我們可以從中得到幾點啟示。要想贏得別人的心，最終必須要展現出自己現在的能力和未來的發展潛力。但其實這個概念太過抽象，要展現給對方並不容易。那麼什麼可以間接體現這種能力呢？最重要的就是傳達自信和好感度。燦爛的笑容，或者擁有共同的興趣愛好，或者在其他領域獲得較高成就。只要展示出這些特點，就能提高對方對自己的信任程度。

但是我們並不是只有充滿自信這個優點。每個人在過去都註定會有一些負面的形象。比如的確做錯了某件事，或是遭遇失敗，或是狼狽的經歷等。這些事情如果能夠成為我們帶進墳墓的秘密，那固然很好，但是在現在這種資訊化時代，要做到這一點並不容易。那麼什麼時候把自己的弱點吐露出來才好

呢？反正這些缺點最終都會人被知道，是一開始就說出來好呢，還是以後再說好呢？

從結論來看，一開始就說出來能夠更加有效地提升別人對自己的好感。關於這個有趣的主題，杜克大學的愛德華・瓊斯（Edward Jones）[2] 進行了研究。愛德華把某個男子的人生故事錄音，播放給參與實驗的人聽。這個男子實際上是一名演員。他講述了自己以前在一次考試中因為行為不端被發現而受到處罰的故事。在第一組中，他把這一段行為不端的故事在前面的部分播放出來，而在另一組中，在後面的部分播放出來。然後觀察了人們對這個男子的好感程度。結果顯示，在前面播放時，人們對男子的好感度增加了，但是在後面聽到這段故事的人們，對男子的好感度降低了。

他又設定不同的情況進行補充了研究，結果和前面一致。他對法庭上為犯罪嫌疑人辯護的律師的辯詞進行了研究。在嫌疑人犯了致命性的錯誤時，其實要說服對方是很不容易的。但是說出犯罪嫌疑人弱點的時間不同時，辯論的可信性差別也很大。結果顯示，比起在後面說，在辯護前面的部分說出嫌疑人的弱點，能夠增加辯護的可信性。[3]

簡單整理一下，一開始就說出弱點會更加有效。因為在前面說出來，會被認為是一個正直的人，但是如果在後面說出來，就會被當做一個隱瞞者。如果因不正當關係而出現問題的柯林頓總統提前知道這一點就好了。隱藏的事情敗露後，註定會成為更大的問題。

那麼優點呢？如果說一開始說缺點比較有利，那麼當然是

在後面說優點更加有效了吧？是的。把自己的優點放在後面，一般更加有效的。在經過一番辛苦努力後終於獲得了獎學金的故事，在後半部分聽起來，能夠獲得更高的好感度。我們再整理一下，缺點要放在開頭，優點要放在結尾，這種方法能夠增加可信性，突出優點。

世界最佳汽車銷售之王的銷售秘訣

在第三部分一開始時提到的世界最佳汽車銷售之王喬・吉拉德（Joe Girard）說：「如果是顧客喜歡的銷售員過來提出合理的價格，那麼這輛汽車就相當於已經賣出去了。」每個人都知道，這句話說起來簡單，但真正做起來並不簡單。其實喬・吉拉德也付出了巨大的努力。他苦苦思索，尋找了無數方法。在經歷了各種失敗後，他發現了一種簡單有效的方法——努力去尋找細微的共同點。

吉拉德說，要贏得顧客的好感，沒有比尋找細微的共同點更簡單的方法了。說話習慣、穿衣風格、興趣愛好、想法建議、生活方式等，尋找這些細微的共同點，並模仿顧客的行為，就更容易聊下去了，對方對自己的好感度提升後，對增加成果會產生很大的幫助。人們很好奇，這個方法如此簡單，真的會有效果嗎？但是實際上無數的行銷和消費者行為論研究，都說明了細微共同點的作用比想像中要大。我們通過幾個有趣的研究來瞭解一下相關的內容吧。

心理學家蒂姆・艾姆斯威勒（Tim Emswiller）④ 假設人們會更容易聽從與自己相似的人的請求，並在此基礎上進行了研

究。他的研究內容就是觀察著裝的相似性對借錢成功率的影響。他讓一個人穿上西裝，另一個人穿上休閒裝。然後讓他們對路過的行人說，自己打電話需要 10 美分的硬幣，但是身上正好沒有錢，請對方借給自己。

有趣的是，當穿衣風格比較相似時，也就是穿西裝的人向穿西裝的人借錢，穿休閒裝的人向穿休閒裝的人借錢時，借到錢的比例高了近兩倍。所有人都素未謀面，只是服裝風格相似，借錢的效果就有了明顯區別。

牛津大學教授約瑟夫·福加斯（Joseph Forgas）的研究 ⑤更加有趣。他們觀察了司機的國籍和汽車製造國是否一致，以及等待交通信號的時間長短。研究時的情形是這樣的。一輛經典福斯金龜車停在交警面前，這時，信號燈變成了綠色。這時，研究人員會觀察，如果金龜車不出發，那麼後面的車究竟會等待多久。也就是測試後面的車的司機在是德國人和不是德國人的情況下，分別能夠容忍多久。這項實驗在歐洲的四個國家進行。

圖表 45 後車的司機的國籍和對應等待信號的時間

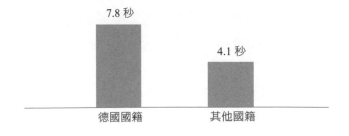

7.8 秒

4.1 秒

德國國籍　　　　　其他國籍

　　結果發現，儘管只是國籍不同，忍耐時間也有很大區別。在德國進行實驗的時候，福斯金龜車出發晚了的話，大家平均會等待 7.8 秒，但是在法國、西班牙、義大利等國，司機等待 4.1 秒之後就會按喇叭。按喇叭的時間差異足足有 3.7 秒。只不過是相同國籍的車輛，在等待信號的時間上就會出現這麼大的區別。

　　正如從這兩個實驗可以瞭解到，只要對方和自己有共同點，憑藉這個理由就可以讓對方更容易接受自己的請求，甚至會讓人更加容忍對方。當對方比較難相處時，如果想要打開對方的心扉，那麼最重要的就是找到自己和對方的共同點。

模仿會讓人喜歡

　　韓國曾一度掀起一股「講義氣」的潮流。諧星李菊主模仿電視演員金寶城大喊「20 年間的義氣」，掀起了這場熱潮。一度不再活動在娛樂圈的金寶城因此再次登上舞臺，各種 SNS（社交平臺）和 CF（電視廣告）上也湧現出許多模仿物。

　　想要模仿別人的不只是諧星，而是所有人的共同點。特別是當對方有力量或值得別人尊敬時，人們就會不自覺地模仿對方的語氣、動作、表達方式等。因為人們想要變得跟對方一樣。自己和尊敬的人做相同的行為，心情會變好，最終可能會到達相同的境界。從這一點來看，有句話叫做「模仿是創造之母」。那麼被模仿的人會怎麼看待模仿自己的人呢？如果有人模仿你，你會怎麼看待這個人？

　　從結論來看，如果有人模仿你，你對這個人的好感度會增

加。那是因為有著相同方式的行為，就會形成相同方式的交流，就更有可能認為對方和自己更加親近。荷蘭奈梅亨大學的范巴倫（Rick B. van Baaren）教授通過研究 ⑥ 證明了這種效果的威力。

研究團隊在一家小餐廳裡進行了這項實驗。他們把女服務員分成 2 組，其中一組在客人點菜的時候，會把客人的話重複一遍，而另一組只是說「好的，馬上給您上菜」。結果重複客人點菜的女服務員平均收到了 2.97 美元的小費，而只是回答「好的」的女服務員平均只收到了 1.76 美元的消費。在重複客人點菜時，收到的小費足足多了 59%。

圖表 46　是否模仿客人和相對應的小費數量

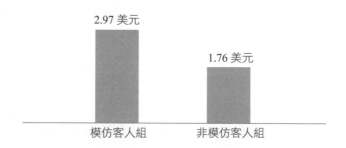

別人在模仿自己的行為時，會讓自己感覺跟這個人很親近，因此會做出互利互惠的行為。

另一項研究發現，這不僅會讓人收到更多的小費，而且會讓人覺得自己更有魅力。

那麼同名或者名字相似的情況會怎麼樣呢？會比某種行為

或語氣相似而讓人產生更強的共鳴嗎？為了解開這個謎題，薩姆休斯頓州立大學教授蘭迪・迦納（Randy Garner）⑦觀察了名字相似性的效果。

　　蘭迪・迦納向完全陌生的人郵寄了調查問卷，並請求對方把調查問卷填完後再寄給自己。他選擇的實驗對象全都是大學教授。他給 60 位教授寄去了問卷，並根據收信人的姓名，把寄信人的名字寫成與其相似或完全不同的名字。比如，如果收信人叫「羅伯特・格瑞爾（Robert Greer）」，他就把寄信人的名字寫成「鮑勃・歌瑞爾（Bob Greer）」，如果收信人叫「辛西婭・詹森（Cynthia Johnson）」，他就把寄信人的名字寫成「辛蒂・約翰森（(Cindy Johanson）」，然後把信寄出去。那麼回信率是多少呢？

　　結果顯示，對和自己名字相似的人寄給自己的信，回覆的比例比名字完全不同的人明顯高很多。參與實驗的人中，高達56%的人做了和自己名字相似的人寄去的調查問卷並回信。相反，其他名字的寄信人，只有 30%得到了回信。其實參加這次調查問卷是一件非常費勁的事情。因為人們要先讀信，並需要時間完成問卷，再到郵局把這份問卷寄出去。但是僅僅因為寄信人的名字跟自己相似，人們就自發地完成了這件麻煩的事情。僅僅是名字相似這種小小的屬性，就能讓人願意答應對方要求的機率增加不少。

　　人們更加喜歡並信任和自己有相似點的人。即使是名字或生日這種小小的共同點，也會讓人自動產生積極正面的情緒，信任度升高，甚至答應對方十分挑剔的要求。如果出現了一個

對你來說很重要的人，那麼你應該怎麼做呢？首先要製造一個相似點，並把這一點表現出來。男女之間也是隨著尋找相似點而逐漸親密起來的。如果男生和女生都是左撇子，那麼立刻就會親近起來。如果兩個人都喜歡游泳，那麼立即就會去游泳館。擁有相同的興趣愛好或者相同的苦惱，都足夠讓人變得親密了。贏得人心最切實的辦法就是尋找相似點。

香味效應，刺激鼻子吧

最近經常有報導提到，很難讓消費者打開錢包進行消費了。實際上，2013 年上半年，百貨商店和大型超市的同比銷售額就一直無法走出低迷狀態，一般的企業也因銷售停滯和效益下降而不得不面臨一番苦戰。韓國的經濟增長率也面臨同樣的困境。增長率已經連續八個季度停滯在 0%，家庭負債也突破了 1,000 萬億韓元。在這種情況下，沒有消費甚至已經有些理所當然。但即使是在這種情況下，也必然會有企業能夠賣掉商品並獲得發展。他們是如何打開消費者捂緊的錢包的呢？

我們來看一個有趣的案例。這是真實發生的事情。首爾市松坡區有一家傳統的精肉店，近幾年來，這家精肉店的效益越來越差。因為附近開了一家大型的折扣店。精肉店老闆十分苦惱，怎樣才能把去了大超市的顧客再吸引回來呢？有一天，他偶然發現了一家串烤店。這家店正好在炸雞肉串，味道特別香，他不知不覺地走進這家店，拿起一串咬了一口。瞬間，精肉店主人想到了一個主意。「是啊，我怎麼沒有想到這一點呢？人們聞到香味就會不自覺地伸手啊。肉的關鍵就是用鼻子

聞味兒，用嘴巴品嘗啊。我得模仿一下。」

　　精肉店老闆立即採用嗅覺行銷的方式，用肉味刺激消費者的鼻子。他決定每到週五下班時間，就直接在精肉店前面烤醃製後的排骨，刺激消費者的鼻子。於是顧客紛紛停下腳步，開始重新走進精肉店。聞到香噴噴味道，人們紛紛走進精肉店，品嘗肉的味道，並購買醃製後的排骨。為了迎合消費者的口味，精肉店還開始提供快遞服務。這種做法的效果比想像中還要好。在短短三個月的時間裡，精肉店的銷售額就增加了50%。老闆利用味道的嗅覺行銷方式大獲成功。在消費者購物欲望比較低的時候，比起呼籲消費者的消費理性來，喚起消費者的本能需求會更加有效。

　　這個案例可能太過無聊，所以接下來介紹一個證明這項內容的研究結果。美國新澤西州立羅格斯大學的珍妮特（Jeannette M. Haviland-Jones）[8] 博士做了一個實驗來研究香味和消費者行為之間的關係。他們把受試者分成 2 組，然後在不同的房間裡進行香味實驗。

　　一個房間裡噴灑了少量香奈兒 No.5 香水，另一個房間裡沒有噴灑任何香水。走進兩個房間裡的學生都拿到了同樣的題目，寫一篇文章介紹自己的過去、現在發生的事情以及未來將要發生的事情的。然後學生進入一個有默劇演員的房間裡，學著用身體把自己剛才寫的故事表現出來。這兩組學生會出現什麼結果呢？

　　淡淡的香味帶來了明顯的區別，在灑了少量香奈兒 No.5 香水的房間裡寫作的學生，比起沒有香水房間裡的學生，提到

與「幸福」相關的詞語多了三倍。另外在跟默劇演員學習時，有 74%的學生比較積極。與此相反，在沒有香水的房間裡寫作的學生，只有 15%的學生表現比較積極。淡淡的香味讓人寫到幸福的次數多了三倍，動作的積極性也提高了五倍。

圖表 47 香味對人們積極行動的影響

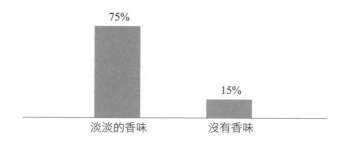

這個研究結果顯示了讓人心情愉悅的淡淡香氣對人的想法和行為都會產生積極影響。

不僅如此，在給對方的第一印象中，特定的味道會產生很大的影響。美國萊莫恩學院（Le Moyne College）的尼妮可・霍維斯（Nicole Hovis）博士和黍瑞莎・白（Theresa White）⑨博士研究了氣味對對方認知產生的影響。研究團隊給 65 名女大學生看了一個不知是男是女的人的影子，然後噴灑出特定的氣味（洋蔥、檸檬、清水）。然後讓學生推測這個人的性別和性格。

雖然只是氣味不同，但是人們的預測卻完全不同。聞到洋蔥味道的學生認為影子是個男人，而聞到檸檬味道的學生認為

影子是個幹練端莊的女人。這項研究表明，在對對方作出判斷的時候，特定的氣味會影響人們對對方的印象。考慮到這一點，在跟人見面時，就需要想一想應該噴什麼香水了。

在夜店裡也是一樣，夜店裡噴柳丁味或薄荷味的香氛時，人們在舞臺上跳舞的時間更長，在散發著香味的舞臺上，人們的記憶會更加快樂。[⑩] 因此，好聞的香味會在各種空間對人們的行為產生積極影響。

好聞的香味對人們的行為產生正面影響的原因是什麼呢？我們可以從各種觀點進行分析，但是首先可以想一想「感知傳遞效應（perceptual transfer effct）」。某種刺激和另一種刺激連接起來，就會對情感感知產生影響。比如，一邊聞著好聞的香味，一邊吃美味的食物，效果倍增，你就會覺得這種食物格外好吃。同樣，一邊感受著柔軟的觸感，一邊聽著溫柔的音樂，就會覺得更加喜歡這首曲子。因此，特定的感知刺激介入到其他的刺激中，就會引導出更好的反應，從感知角度來看，香味幾乎是起到了催化劑的作用，能夠誘發感知傳遞效應。

星巴克也利用咖啡的香味來抓住人們的心。星巴克在1990 年代初和美國航空一起進行了特別的咖啡香味行銷宣傳。有很多消費者並不喜歡喝咖啡，但是幾乎沒有消費者會討厭咖啡的香味。星巴克決定利用這一點。美國航空在乘客登機前就把星巴克咖啡進行充分烹煮，讓咖啡的香味飄滿整個機艙。走進機艙後，乘客自然聞到淡淡而深沉的咖啡香味。聞到這種完全出乎意料的咖啡香味，乘客們紛紛詢問：「唔，好香啊，這是什麼咖啡啊？」他們自然得到了這是星巴克咖啡的回

答，於是消費者對星巴克有了更好的印象，也有了購買咖啡的意向。這可以說是首次利用香味進行感覺行銷的案例。

新加坡航空也在進行特殊的香味行銷。新加坡航空公司在機艙內噴灑一種叫做「史蒂芬佛羅里達水」的香水。為了打造新加坡航空獨一無二的香味，他們接受了著名香水企業的幫助，直接製作了這款香水。乘坐新加坡航空飛機的乘客在熟悉了新加坡航空獨有的香味後，更加喜歡新加坡航空公司了。

運用香味的行銷方式，刺激的並不是人理性，而是直接刺激人的感官，因此只要用得準確，立即就會出現效果。在吃飯前一個小時就聞到烤麵包的香味的話，消費者的選擇會發生什麼變化呢？等待演出開始的人們在聞到爆米花的香味時，爆米花的銷量會發生什麼變化呢？在散發著濃郁的巧克力香味的餅乾店裡，添加了巧克力的曲奇餅的銷量會發生什麼變化呢？

香味會對人的感覺和行為產生不小的影響。人們在聞到好聞的香味時，對對方的好奇心會增加，對產品的聯想和喜愛程度也會增加。現在，你在散發著什麼味道呢？

Writer's Talk

獅子為了捕獵，
想要比湯姆森瞪羚跑得快。

那麼湯姆森瞪羚應該怎麼做呢？
要麼不進入獅子的捕獵圈，
要麼必須比獅子跑得快。

探索危險的能力，
和瞬間的爆發力很重要。

只有這樣才能生存下來。
遲一點，生存就無從談起。

你看到的並不是全部

房地產仲介總是從最差的房子開始介紹

你去看過樣品屋嗎？閃閃發光的地面，客廳裡舒適的沙發和大尺寸電視機，看上去做什麼都會好吃的廚房，讓整個房子、甚至是房子裡的我們都變得美麗起來的淡雅燈光，還有自家沒有的更衣室……走出樣品屋的瞬間，你就想要立即買下這棟房子。再回想起出門時自己家的樣子，買房子的欲望就更加強烈了。

每一件事情，我們都是通過比較來區分好和壞的。在兩者進行比較的過程中，某一個看上去更好，另一個則看上去更差，這種效果叫做「對比效應（contrast effect）」。因此好的東西看上去更好，而差的東西看上去更差。可以說，樣品屋就是把這種對比效應最大化。

我們再來看另外一個例子。有一個人先提起 100 克的物體，然後又提起 10 公斤的物體，那麼他會覺得 10 公斤的物體格外重，100 克的物體格外輕。兩相比較，感覺差別更明顯了。

運用這種對比效應，可以讓產品看上去更加優秀，從而讓

產品的銷量更高。在汽車銷售中，也使用了對比效應。假設你現在是賓士汽車的銷售員。賓士汽車的基本配置價格是 7 萬美元，而安裝了音響、導航的全配置汽車，價格是 7.7 萬美元。如果是你，你會帶客人先看價格比較低的基本配置汽車呢，還是先看 7.7 萬美元的全配置汽車呢？考慮到對比效應，當然是先帶客人看 7 萬美元的基本配置汽車更加有效。因為對下決心買 7 萬美元基本款汽車的顧客來說，看起來相對少花了 7,000 美元。

這種對比效應在拜託對方做某事時也會發揮作用。研究顯示，運用對比效應時，即使是有些過分的請求，人們的接受程度比平時高兩三倍。亞利桑那大學的西奧迪尼（Cialdini）教授、文森特（Vincent）教授、路易士（Lewis）教授進行了這項研究 ⑪。

他們把大學生大致分為兩組，然後測試對比效應所對應的接受請求程度。他們拜託 A 組的學生，帶青少年犯罪人員到動物園實踐，並進行一天的志願者活動。然後先請求 B 組的學生，每週做兩個小時的志願者活動，並堅持兩年。那麼 B 組的學生 100%會拒絕這個請求。對於拒絕過的學生，研究人員又提出一天的志願者活動。也就是說，要求兩組學生都進行一天的志願者活動，然後觀察對 B 組進行過分的請求之後，會出現多大的對比效應。

圖表 48　對比效應相對應的接受請求程度

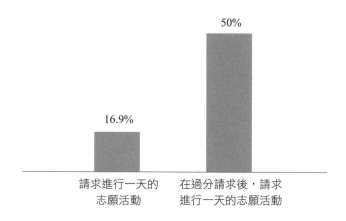

結果如【圖表 48】所示，一開始就被請求進行為期一天
的志願者活動的一組，只有 16.9%的人接受了這個請求，而一
開始進行過分請求，之後又提出一天志願者活動的一組，有
50%的人接受了請求。幾乎高了三倍。這是因為一開始的過分
請求讓後面的請求看上去順眼了許多，所以人們才打開心扉。
好好運用對比效應，可以讓對方在做決定時朝自己想要的結果
進行調節。

人們是通過比較來判斷每一個事物的。但是人們的判斷大
部分並沒有絕對標準，只有相對標準。大或者小也取決於前面
看到過的東西。每一次都發生著對比效應。企業如果能在運營
和行銷中運用這種對比效應，就能讓自己的產品看上去更好。
在賣房子或汽車的時候，在請求別人幫忙的時候，運用對比效
應，能對獲得想要的結果產生很大的幫助。

要想讓顧客選擇更貴的產品？

荷蘭格羅寧根大學心理學教授斯塔貝（Stapel DA）[12] 發現，對無意識接觸到的刺激物，也會出現對比效應。從我們身邊劃過我們卻並不認識的東西，也會在潛意識中形成對比效應，從而對人們的選擇產生影響。

斯塔貝教授把實驗對象分為三組，然後讓他們坐在電腦前面。他們眼前的螢幕被分為左右兩塊，左邊和右邊分別在 1/80~1/300 秒的短暫時間內，滑過不同的刺激物。這時，如果在左側看到了刺激物，就按「Q」，如果在右側看到刺激物，就按「P」。研究人員給實驗對象看了 40 多種刺激物。

其中，研究人員給第一組實驗對象看了愛因斯坦的照片，給第二組實驗對象看了馬戲團小丑的照片，給第三組實驗對象看了用點等組成的無異議的刺激物。當然了，這三組實驗對象都在極短的時間內看到了相對應的刺激物，因此根本不知道自己看到了什麼。然後，研究人員詢問在這麼短的時間內看到愛因斯坦和小丑照片的人，他們認為自己有多麼聰明。結果會怎樣呢？

圖表 49　看到照片後對自己聰明程度的評價

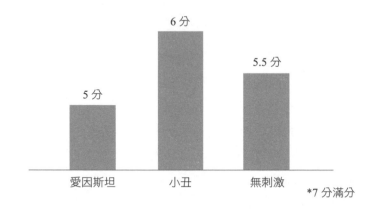

6 分

5.5 分

5 分

愛因斯坦　　　小丑　　　無刺激

*7 分滿分

　　雖然時間很短，但是得到的結果卻完全不同。在 7 分滿分的情況下，看到愛因斯坦照片的人，覺得自己的聰明程度是 5 分，而看到小丑照片的人，覺得自己的聰明程度是 6 分。我們分析一下這有什麼意義。看到愛因斯坦時，因為看到的人太聰明了，所以和自己形成了對比效應，從而對自己的聰明程度評價降低了。與此相反，看到小丑照片的人，也受到對比效應的影響，對自己的聰明程度評價升高了。這是典型的對比效應結果。有趣的是，實驗對象只在 1/300 秒的短暫時間內看到刺激物，根本連自己看到的是什麼都不知道，卻依舊出現了對比效應。有意思的是，只看到點組成的無意義刺激物的人，對自己的聰明程度評價是 5.5 分。

　　為了弄清楚這種對比效應是僅僅發生在智力方面，還是在其他方面也會如此，研究人員進行了第二個實驗。這次，他們

給女性實驗對象分別看了美女的照片和普通相貌的女性照片，然後觀察是否會出現對比效應。

　　結果在對相貌進行評價時，也出現了對比效應。看到美女照片的人，對自己的相貌評價較低，而看到普通相貌的女性照片的人，覺得自己更漂亮。因此，對比效應在各個領域都產生了明顯的效果。

　　再舉一個簡單清晰的例子。有一個 3 萬韓元的電子計算器，這個價格是貴還是便宜呢？

圖表 50　看到照片後對自己相貌的評價

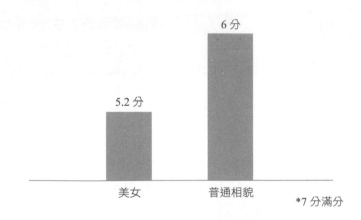

6 分

5.2 分

美女　　　普通相貌

*7 分滿分

　　光從這個價格是看不出來的。但是跟 6 萬韓元的電子計算器相比，3 萬的更便宜。相反，跟 1 萬韓元的電子計算器相比，3 萬韓元的更貴。人們就是這樣在比較各種方案中，瞭解某個東西的價值。

　　有研究⑬證明，運用對比效應，可以引導消費者購買更加昂貴的產品。高麗大學的李志憲博士和石冠浩教授發現，按照降冪排列產品的價格時，顧客更有可能選擇昂貴的產品。研究團隊調查了人們在選擇啤酒的時候，如果功能表上的順序不同，顧客會選擇哪種啤酒。他們借用了一家餐廳，並進行了為期 8 周觀察研究。在第 1、3、6、7 周，功能表按照價格升冪進行排列，而在第 2、4、5、8 周，功能表按照價格降冪進行排列。然後他們像往常一樣接待客人。來到這家餐廳的客人完全沒有看出功能表的順序是降冪還是升冪。在過了 8 周後，他們分析了實際的銷售額。

圖表 51　功能表順序相對應的平均銷售額

功能表的順序	平均銷售額
降冪	6,020 韓元
升冪	5,780 韓元

　　結果如【圖表 51】所示，菜單按照降冪排列時，賣出的啤酒價格更高。為什麼會發生這種情況呢？

　　客人在拿到按照降冪排列的菜單時，最上面的菜品最貴。他們最先看到的啤酒就是最貴的啤酒，所以之後看到的啤酒都相對便宜一些。這時出現了典型的對比效應。用其他的說法來表達的話，這也叫做錨定效應（Anchoring Effect）。這是指受到一開始接觸到的資訊的影響，最開始的資訊和之後的資訊形

成對比效應的一種現象。

　　第二個實驗是在高麗大學裡面的一家文具店進行的。研究團隊調整了文具店裡陳列的螢光筆的價格順序。結果也一樣。按照降冪排列價格時，學生們就會購買更貴的筆。

　　但是李志憲博士這項研究的盲點在於，他的研究僅限於啤酒、螢光筆、義大利面等價位比較低的產品。人們可能產生疑問，認為這些產品的價格比較低，所以人們可能從中選擇價格比較高的產品。不過根據南加州大學的朴忠桓教授等人的研究，在購買汽車時，按照價格降冪來提供汽車的資訊，人們會購買價格更高的汽車。這項研究已經在第二部分中提及，可參考之（第 77 頁）。

會好起來的 VS 會好起來嗎？

　　在遇到困難的任務或必須說服某個人時，人們為了給自己打氣，經常會進行自我暗示「一定都會好起來的。我能做到！」——這樣進行自我暗示，能夠讓自己的潛力爆發出來，從而更加容易地解決問題。實際上，自我暗示相關的研究有很多，也有很多案例顯示，自我暗示的效果能讓人的潛力爆發出來，從而獲得想要的成果。不過有一種非常簡單的方法能夠把自我暗示的效果最大化。只要加上這種方法，就可以更加輕鬆地得到想要的結果了。

　　南密西西比大學的健野口教授假設自我暗示的種類不同，達成的成果也會不同，並帶領研究團隊進行了研究。自我暗示有兩種方式。一種是「會好起來的，我能做到」這樣肯定地說

出來，另一種是「會好起來嗎？我能做到嗎？」這樣疑問句的形式。哪一種方式更有效呢？

猛然一想，我們可能覺得第一種方式讓自己更確信自己能行，所以會更加有效，但實際上，以疑問開始的自我暗示更加有效。果斷肯定的方式讓人更容易忽視以後可能發生的各種意外情況，容易出現失誤。相反，疑問的方式讓人預料到事情可能不順利的地方，從而完成目標的內在動力不斷增加，並且獲得的結果也比前者好得多。

圖表 52　　自我暗示方法相對應的詞語變形組合成功個數

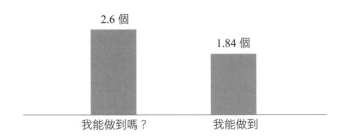

研究團隊把實驗對象分為兩組，然後讓他們做一定難度的詞語變形組合題。例如，給出「when、cause、and rich」等單詞，要求實驗對象在 10 分鐘內，從自己的角度出發，組成一個新的單詞。這樣就形成了「hewn、sauce、and chit」等新的單詞。這時，讓 A 組喊一句「我能行做到？」，然後開始做題，而 B 組喊一句「我能做到」，然後開始做題。其他實驗條件完全相同。

　　結果顯示，A 組的成功率更高。從統計結果來看，比起肯定地給自己打氣的 B 組，以疑問的形式進行自我暗示的 A 組，獲得了更多的成果。從成功率來看，足足高了 41%。在相同的條件下，一開始說話的語氣不同，結果也會不同。

　　這一次，為了瞭解這種結果究竟會不會反復，他們進行了補充實驗。在之前的實驗中，他們是讓實驗對象喊出肯定句或疑問句，而這一次，他們讓實驗對象寫下來。然後觀察只是寫下來會不會產生相同的效果。研究人員把實驗人員分成 4 組，並讓他們寫出如下的句子。

A. Will I?（我能做到嗎？）
B. I will.（我能做到。）
C. I（我）
D. Will（將會）

　　然後讓實驗對象做和前一個實驗中完全相同的詞語變形題目。結果怎麼樣呢？

　　結果顯示，以疑問句形式進行自我暗示的 A 組，比之前的實驗中解決問題的能力高了 80%。為什麼像「Will I」這種疑問型的自我暗示會帶來更好的成果呢？

　　研究人員表示，這是因為人們內在動力得到了提升。比如「我今天的演講能做好嗎？」——這種自我反問會讓人想到事情不一定會成功。在這種情況下，人們的內在動力就會增加，覺得自己更要好好做，從而尋找解決問題更根本的、更多樣的

解決方式，最終發現相對更加有效的解決方式。這種主動尋找問題並解決的根本性動力叫做「內在動力（intrinsic motivation）」。對未來的結果主動自我反問，內在動力就會立即增加，最後結果也會得到提高。

圖表 53 自我暗示方式相對應的解題個數

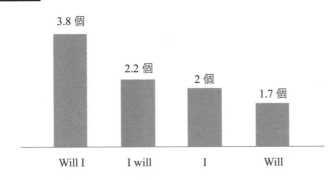

面臨困難的問題，進行積極暗示固然很好，但在這之前，從「我能把這個做好嗎？」這種疑問型的提問開始，效果會更好。因為疑問型的自我暗示十分有助於提升人的內在動力。

偽宗教盛行的原因

有時候，人們會相信一些很荒謬的東西。比如，有一些非常理性、客觀的人會陷入偽宗教，或是盲目相信一些非理性的現象。政治家也相同。日本的政治首腦相信，他們並不是戰爭的施害者，而是原子彈的被害者。他們還稱，他們並沒有強徵慰安婦，而是女性自己為了賺錢選擇了做慰安婦——儘管鐵證

如山。一群聰明的人卻相信一些講不通的東西。

　　企業中也經常發生這種情況。「麥當勞的肉餅是用蚯蚓的肉做成的」「P&G 的 logo 是撒旦的象徵」「吃阿斯匹林會造成心臟疾病」等。這些講不通的傳聞出現後，人們有時卻會盲目相信這些不可思議的傳聞。為什麼會出現這些情況呢？

　　史丹佛大學的社會心理學家利昂・費斯汀格（Leon Festinger）教授在 1954 年進行了一項十分著名的研究。當時的情況現在也經常出現——「地球滅亡論」傳遍了美國全境。一個叫做探尋者（Seekers）的宗教集團發表言論說，地球將在 1954 年 12 月 21 日滅亡。地球滅亡論自然是根本就講不通的謬論，但是這個消息一傳出來，探尋者信徒的數量以幾何形式增長。

　　他們集體居住在一起，開始準備被提走（編按：耶穌為了審判世界，再次降臨時，將得到救贖的人從地上帶走）。他們相信，就算地球滅亡，只要他們誠心禱告，方舟一定會來救他們。當時身為史丹佛大學教授的費斯汀格很好奇這件事會如何收場，於是偽裝成信徒，來到了探尋者教眾聚集的地方。

　　1954 年 12 月 21 日午夜，他們相信地球註定要滅亡的時刻終於到來了。從幾個小時前就召開龐大的禱告會、準備被提的狂熱信徒們，會發生什麼事情呢？

　　眾所周知，什麼都沒有發生。方舟沒有來，也沒有人被提。當自己的主張和實際情況背道而馳時，宣揚地球滅亡言論的教主和相信這個言論的教眾們，會有什麼樣的態度呢？費斯汀格作了詳細記錄。

沒有發生被提後，教主慌亂了一下，然後對教眾說：

「大家高興起來吧！你們的禱告力量讓地球滅亡的時間已經往後推了。」

聽到這句話，信徒們你看看我，我看看你，大家緊緊擁抱在一起，流下高興的淚水，獻上感恩的禱告。就這樣，不僅是教主，信徒們也毫不懷疑地開始傳播，是他們的禱告讓地球滅亡的時間推遲了。教眾主動請媒體進行採訪，努力證明自己相信的東西是真實的。不論到什麼時候，他們都不會改變自己的信念。

人的大腦很難推翻自己深信的東西。相反，對有助於維持現存信念的資訊，大腦會覺得很安全。按照探尋者教的說法，信徒沒有被提是一種推翻現有信念的危險資訊，而他們的禱告起了作用是一種維持現有觀念的安全資訊。像這樣，當兩種相反的資訊進入大腦時，人們很可能會選擇安全的資訊。⑮

這和人類的大腦構造有很大的關係。如果接受新的、危險的資訊，就必須要改變現有的態度，這時感知痛苦的杏仁體（amygdala）就會被啟動，感受到不舒服的下視丘（hypothalamus）和外側被蓋區（lateral tegmental area）就會有負荷。從心理上，就會處於十分難受的狀態。與此相反，感知快樂和獎勵的伏隔核（Nucleus accumbens）活動會減少。人的大腦會儘量回避這些不舒服的感覺。大腦認為維持現在的立場會更加安全、更穩定 ⑯。因此，大腦十分傾向於維持現有的態度，即使這種態度是錯誤的。

除了探尋者事件，還有另一件有趣的事情。有一些武術高

手認為，有的習武者不接觸對方，就能進行攻擊。他們認為可以通過看不到的氣來攻擊對方。YouTube 上也有視頻證明這一點。他們只要動動手，就能擊倒對方，獲得勝利。其中一個叫做劉可林（Ryukerin）的氣功大師甚至懸賞說，誰能擋住自己的攻擊，就給對方 5,000 美元的賞金。為了吸引更多人的眼球，他還跟練習空手道、踢拳、中國功夫的人比試討教。

終於，有一位綜合格鬥運動員接受了他的挑戰。在萬人矚目下，氣功大師和綜合格鬥運動員展開了一場大戰 ⑰。結果怎麼樣呢？劉可林擊向空中的氣功根本對對方不起作用，對方兩次攻擊就把劉可林打敗了。遭受連續拳打腳踢的劉可林最後流著鼻血認輸了。劉可林為什麼要這麼做呢？

令人驚訝的是，劉可林認為自己的氣功是真的。那麼大敗之後的劉可林，態度發生轉變了嗎？並沒有。他說自己只是那天運氣不好或者是狀態不好，所以氣功沒有起作用。因為他只有那麼想，自己的心裡才會舒服，才能說服對方。

前面所介紹的案例雖然比較極端，但就發生在我們身邊，是我們非常可能遇到的一些問題。隨著時間的流逝，這些事情給周圍的人帶來不便，最後給自己也帶來不好的結果。那麼怎樣才能改變這種錯誤的信念呢？

方法有很多，我們來看其中的三種。首先，要練習承認完全正確的事實。這種認可能讓人的態度發生相當大的改變。第二，要接受別人的觀點。要做到換位思考「如果我站在對方的立場上，我會怎麼看待這個問題？」只要做到這一點，就能避免很多誤解和矛盾。最後就是運用時間延遲（time delay）的

方法。乾脆放置一段時間，有很多時候，隨著時間的流逝，問題就得到了解決。匆匆忙忙地去做，經常會讓問題變得更複雜。因此在解決問題時，爭取一定的時間也是一種方法。我們必須自己意識到，我們有盲目相信那些講不通的東西的傾向，我們必須每天都為選擇正確的方向而不懈努力。

劣勢者效應 under dog effect

假設你現在正在看運動比賽，而你沒有自己喜歡並支持的隊伍，那麼你會為強隊加油，還是為弱隊加油呢？

每個人可能都會有不同的選擇，但是大多數人傾向於選擇為弱隊加油。因為多數人認為自己處於弱勢，所以會對同樣處於弱勢的人懷有更多的同情心。像這種為弱者加油的傾向叫做「劣勢者效應（under dog effect）」。這種說法來自於鬥狗比賽。兩隻狗打架時，一隻贏了會站在上面（top dog），另一隻輸了的會趴在底下（under dog），而觀眾會為趴在底下的那隻狗加油。

只要有競爭的地方，就會經常看到這種劣勢者效應。某電視臺舉辦了一個選秀節目，最後的勝出者是一家洗衣房老闆的兒子。在最終決賽中，他並不是評審評選出的第一名，但是在觀眾簡訊投票中，他獲得了壓倒性的支持，最終獲得了冠軍。身為洗衣房孝子，他在艱苦環境中依舊為了實現夢想而不懈努力，他的故事廣為傳播。於是形成了支持弱者的劣勢者效應。這種現象在四年前的一次選秀節目中再次出現。一個管道修理工一邊工作，一邊艱難地堅持著自己的歌手夢，他擊敗了外形

優秀的競爭者，在觀眾簡訊投票中獲得了壓倒性的支持。

　　人們為什麼會對社會上的弱者感到更多的共鳴呢？有一個相關的實驗。2011 年，哈佛大學教授尼魯·巴哈利亞（Neeru Paharia）帶領研究團隊 ⑱ 進行了一項和劣勢者效應有關的研究。這項研究證明，在一定條件下，人人都想隱藏的弱點、缺點和不利因素反而可以轉化為優勢。而用好這一點，在企業和個人的品牌戰略中是十分有效的。

　　研究團隊虛擬了一家實際上並不存在的公司，然後分別在劣勢條件和優勢條件下介紹這家公司，調查人們會有什麼反應。處於劣勢條件下的公司，剛開始的時候處境十分艱難，但是通過不斷的努力克服了困境；而優勢條件下的公司擁有良好的環境和豐富的資源，對成功十分有利。

　　他們對 403 名普通消費者進行了網上測試，並把稍顯複雜的結果總結如下（【圖表 54】）。

圖表 54　消費者對優勝者和弱者的同情心和購買意向差異

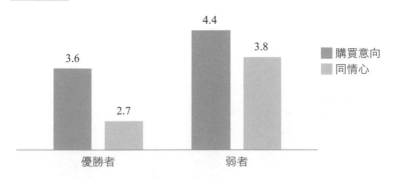

在瞭解了劣勢公司的故事後，消費者對這家公司表現出很強的人道主義和同情心，對這個品牌的購買意向也很高。與此相反，接觸到優勢公司的故事後，消費者對這家公司的同情心低，購買意向也很低。劣勢者通過挑戰獲得成功的故事刺激了人們。因此比起第一名，人們對第二名不懈努力的態度感覺更加親切。

那麼這種心理上的同情和聯繫，也會對人們的實際購買活動產生影響嗎？為了搞清楚這個問題，研究團隊對 203 名美國學生進行了補充實驗。他們給學生看了一場劣勢者條件的演出，然後觀察學生是否會更多地選擇劣勢條件下的巧克力。實驗結果顯示，觀看了在艱苦環境中不斷挑戰、終獲成功的演出後，人們更多地選擇購買處於劣勢條件下的巧克力。但特別的是，人們在給自己買東西時，會更多地發生劣勢者效應。

圖表 55 購買目的對應的劣勢者效應差異

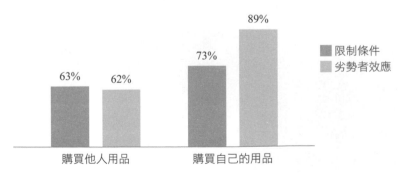

這意味著什麼呢？在給別人買東西時，並沒有出現劣勢者效應，而在給自己買東西時，出現了劣勢者效應。換種說法，品牌的劣勢者效應在讓消費者帶入自己的故事時，會產生更大的效果。

美國租車企業安飛士（Avis）運用市場上強大的第一名赫茲國際租車（Hertz），故意形成了劣勢者效應。「我們是第二名，所以更加努力」——他們利用這種資訊，瞄準租車的消費者。令人驚訝的是，安飛士實際上並不是第二名，它的排名更低，在 7~8 名左右。但是他們憑藉「我們是第二名，所以更加努力」的資訊，真的成為了第二名。

人們對這種劣勢者故事的反應會更大。去年，品牌研究者金蘭都教授曾說，歌手 Psy 強烈衝擊了世界音樂界，這就是一個典型的「劣勢者行銷」案例。人們認為自己是非主流的，因此對和自己產生共鳴的劣勢者表現出更多的憐憫和同情。這種劣勢者效應和品牌故事的關係很大。劣勢者故事的三大要素如下：

1. 卑微的開始（Humble Beginning）
2. 希望和夢想（Hope and Dream）
3. 克服逆境（Struggle against Adversary）

只要把這三點傳遞給消費者，消費者的同情心、連結感、購買意向和實際的購買都會增加。我們一般說這是一個「20:80 社會」。社會上 20%的人佔據了 80%的資源。這句話

意味著什麼？更多的人認為自己是非主流的。因此在展現自己的優勢時，人們自然會嫉妒。與此相反，在展示出劣勢的一面時，人們會產生更多的共鳴。而且這些非主流在 YouTube、Facebook、Twitter 等社交平臺上會具有更大的能量。雖然有時候必須展現出自己優勢者的一面，但是更多的時候，我們需要提供一個弱勢者的故事。調查一下自己的品牌和企業裡有哪些弱勢者故事，然後有意義地組合一下並傳遞給消費者，也是一個很好的方法。

警告書會刺激消費者

　　警告文字的最典型案例就是香煙。政府為了引導人們戒煙而在香煙的包裝上印上警告文字。這種政策從很久之前就開始試行，但是實際效果並沒有想像中那麼大。即使寫上讀起來就讓人覺得可怕的語句、印上讓人厭惡的圖片，依舊沒有太大的效果。儘管明確告訴人們吸煙有害身體健康，人們依舊選擇無視。根據最近發表的一項研究，包裝紙上的警告文字會提高人們對產品的信任度，反而會刺激消費。讓消費者注意身體的警告性文字反而會促進消費。

　　人們傾向於從自己的觀點去理解事物，而忽視原本的意圖。以色列特拉維夫大學的耶爾・史坦哈特（Yael Steinhart）研究團隊 [19] 發現，如果把看到警告性文字和選擇產品的時間稍微錯開一些，消費者感受到警告文字的威脅程度就會降低。他們運用的理論是解釋水平理論（Construal Level Theory）。人們對某一事件或物件的心理距離不同時，對該事件或現象的解

釋和評價也會不同。對不遠的未來即將發生的事件，人們是根據具體、詳細的特點來進行解釋和處理的，但是對遙遠未來會發生的事情，是根據目標等抽象的資訊進行解釋的。

　　我們再想一想香煙包裝上警告文字的故事。從遙遠未來的角度來看，香煙上的廣告文字著重於抽象性，讓人感覺是一種遙遠的事情。但是如果讓消費者從不遠的未來接觸具體的內容——也就是對身體有害這一點，那麼人們就會感覺香煙的危險性更大。因此如果讓消費者看到警告性文字的時間和購買時間之間留出一定的時間差，吸煙有害身體健康的具體性就會降低，從而出現刺激人們購買香煙的效果。

圖表 56　有無警告性文字和不同的時間、距離相對應的購買意向

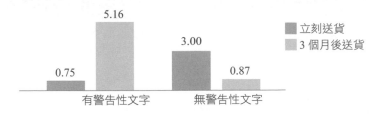

不同的時間和距離對應的購買意向（香煙）

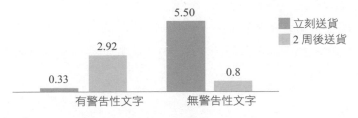

不同的時間和距離對應的購買意向（人工甜味劑）

他們在第一個實驗中共選擇了 71 名吸煙者。分別給吸煙者看有警告性文字的香煙和沒有警告性文字的香煙，然後在購買時有立即送貨和約 3 個月後送貨兩種條件可供選擇。研究人員觀察了把時間距離調節到不遠的未來和遙遠的未來時，人們的選擇會有什麼不同。然後調查了每個人購買價格 2 美元香煙的意向。

結果顯示，在有警告性文字的情況下，如果選擇立即送貨時，人們的購買意向非常低，但是如果選擇 3 個月後送貨時，人們的購買意向高達 5.16，迅速升高了 5 倍以上。就算是有警告性文字，隔上一段時間的話，人們的購買意向反而會更高。那麼這種效果是不是只出現在香煙上呢？

於是他們同時針對人工甜味劑進行了一個相似的實驗。結果和香煙類似。如果隔上一段時間再購買，即使有警告性文字，人們的購買意向也會迅速增加。隔上一段時間，產品上的警告性文字會增加可信性，反而會促進消費。

在很多情況下，消費者接觸產品廣告的時間和購買的時間都是隔開的。想的時候是現在想，但是買的時候是以後買。這樣一來，警告性文字反而會增加可信性。「都把自己的缺點表現出來了，應該可以相信⋯⋯」——會出現這種效果。而且還會發生資訊的「睡眠者效應（sleeper effect）」。資訊的睡眠者效應是指隨著時間的流逝，資訊消極的一面會逐漸消失的現象。一開始的時候是負面的，但是隨著時間過去，負面就會逐漸消失。

　　因此，從企業的角度來看，根本不需要因為加入一些警告性的語句而猶豫。在大多數情況下，人們判斷資訊的時間點和購買的時間點之間是有時間差的。相反，從消費者的角度來看，應該怎麼辦呢？如果你是一個理智的消費者，那麼你需要培養同時考慮遙遠的未來和不遠的將來的習慣。因為從遙遠的未來，能看到抽象而積極的一面，而從不遠的將來，能看到現實而具體的一面。

Writer's Talk

查理斯‧達爾文曾說，
只有變異的物種才能生存下來，
赫拉克利特曾說，
只有一切都是變化的才是真理。

當今世界，變化越來越快，
預測越來越難。
守住路口的人才會成功，
而不知道路口在哪裡的人就會失敗。

隨波逐流的只有死魚。

誘惑人的大腦

專家犯錯機率更高的原因

韓國歌手申海哲在接受了手術後，命運發生了逆轉。雖然現在還沒有最終的結論，但是不斷有人推測是「在手術過程中發生了醫療事故」。也就是說，責任醫生因為省略了必要的手術環節或基本流程，而造成了重大過失。但是，手術的主刀醫生是醫院的院長，曾是該領域最頂尖的專家。雖然到現在還不知道真相究竟是什麼，可是人們為什麼對頂級專家主刀的手術提出了醫療事故的疑問呢？如果真的是醫療事故，那麼他為什麼犯下了這麼大的錯誤呢？

有可能出現了知識幻覺（illusion of knowledge）。所謂知識幻覺，是指專業知識越多，越傾向於過度相信自己的經驗和知識，犯錯的可能性反而會增加。

專家的知識錯覺現象到處都在發生，而且發生得不少。微軟創始人比爾‧蓋茨（Bill Gates）在 1981 年曾主張「640KB 左右的記憶體已經足夠存儲所有的個人資料了」，結果他的預測大錯特錯。現在 4G、8G 的記憶體都不夠用了。世界著名的歷史學者、耶魯大學教授保羅‧甘迺迪（Paul Kennedy）曾預

測，「日本會超越美國，成為世界上經濟規模最大的國家」，
但是他的預測也錯了。

　　一般人的知識錯覺只會給個人帶來問題，因此在一定程度
上可以忽視。但是專家的知識錯覺會帶來不小的影響力，因此
很難忽視。一系列的研究表明，資訊越多，出現知識錯覺的可
能性越大。專家比普通人掌握更多的資訊，反而更容易出現知
識錯覺，導致犯錯概率更高。

　　我們先來看普林斯 大學的克里斯托・霍爾（Crystal
Hall）帶領研究團隊 [20] 進行的研究。這項研究從題目開始就很
吸引人的視線，叫做「知識錯覺，知道的越多，可能會更有自
信，但準確度會降低」。研究團隊準備了美國籃球協會 NBA
中的 29 支球隊格子進行的 82 場籃球比賽的資料。這些資料分
為前半場分數、最終分數、隊內得分、隊伍名稱以及其他詳細
資訊。他們把實驗對象分為比較瞭解籃球知識的人、不瞭解籃
球知識的人、有喜歡的球隊的人、沒有喜歡球隊的人、知道球
隊名字的人和不知道球隊名字的人等，然後把這些資料提供給
不同的實驗對象，讓實驗對象預測不同球隊的勝率。

　　人們可能認為，當然是比較瞭解籃球知識的人或比較瞭解
某一支球隊的人，對勝負的預測會更加準確，但實際上並非如
此。正如【圖表 57】所示，瞭解的資訊越多，準確率反而越
低。瞭解很多資訊的人，在預測時會表現出更大的自信，但從
實際的準確度來看，比起瞭解更少資訊的人，他們的準確率更
低。整個實驗分為四種進行，結果全都相似。

圖表 57　　資訊量對應的比賽結果命中率差異

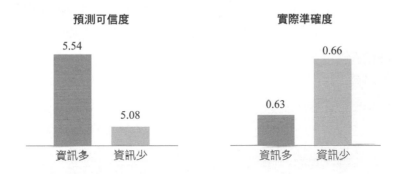

　　芝加哥大學的泰勒（Thaler）帶領研究團隊 [21] 進行了一項模擬股票投資實驗，更清楚地表現出了這種特點。他們讓實驗對象運營 25 年的假想證券投資組合，並向一部分人提供每個月的證券資訊，給其他人每 5 年提供一次證券資訊，然後比較這兩組的實際利潤率。結果每個月都受到證券資訊的實驗對象，利潤完成率比另一組低 26%。這項研究也表明，資訊越多，做出錯誤決定的概率會增加。

圖表 58　　股票資訊量和對應的實際收益率差異

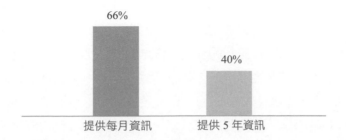

不僅如此，加利福尼亞大學大衛斯分校的布拉德·巴伯（B. Barber）和泰勒斯·奧戴恩（T. Odean）也通過研究 ㉒發現越是相信自己知識的人，實際成果越低。他們通過實際的證券帳戶調查發現了這一點。

為什麼這些人掌握的資訊更多，卻更容易犯錯呢？因為他們過於相信自己熟悉的模式。資訊越多，需要處理的內容就越多，因此人們會選擇更簡單、更熟悉的方法，結果出現失誤的可能性也會隨之增加。換一種說法，這叫做「認知流利錯誤（cognitive fluency error）」。正式因為有這種傾向，接觸資訊越多的人，越想迅速對資訊進行分類，從而導致發生知識錯覺的可能性增加。

自認為是專家的人，更需要認識到自己可能會陷入知識錯覺中。知道的東西越來越多，需要進行資訊處理的物件也會越多，因此犯錯的機率也會隨之增加。有趣的是，只要自己能夠認識到會犯錯，那麼犯錯的機率就會降低。而且如果你必須要聽專家的建議，那麼你必須記住，即使是專家，也會陷入知識錯覺中。

回轉壽司的例證

最近，人們正在嘗試把腦科學和行銷結合起來。這是為了更加準確地瞭解消費者的反應。因為雖然人們的嘴巴有時候會在某些情況下撒謊，但是大腦不會輕易撒謊。大腦會對接觸到的刺激物產生無意識的反應。即使你想撒謊，大腦的結構也限制你無法撒謊。因此利用腦科學可以準確瞭解人們的反應。

2007 年，史丹佛大學的布萊恩‧科諾森教授（Brian Knutson）帶領研究團隊發表了一項有趣的腦科學研究結果。他們觀察了消費者的購買行為會讓大腦產生什麼樣的反應。研究團隊給了 26 名受試者 20 美元的現金，然後通過螢幕一件一件地展示商品，然後讓他們決定要不要買，一共展示了 40 多種商品。這 40 多種商品裡有 MP3 播放機、電視劇 DVD、巧克力、T 恤等物品。用拿到的 20 美元並不能買到所有的東西。這樣就形成了一種條件，即使有想買的東西，也只能買其中的幾樣。這種情況就跟我們帶著 5 萬韓幣去打折超市挑選東西一樣。

刺激物是以下面這種方式出現的。一開始的 4 秒鐘，同時展示產品照片和品牌名稱，接下來 4 秒鐘顯示價格，最後的 4 秒鐘決定是否購買。然後休息 2 秒鐘，跳到下一個產品。這時出現的價格都不一樣，有的稍微貴一些，有的便宜一些。在整個實驗過程中，實驗對象的大腦變化都通過功能性核磁共振造影（fMRI）裝置加以分析。

當實驗對象看到自己喜歡的商品時，被稱為伏隔核的快樂中樞就會活躍起來。這說明大腦的狀態比較快樂。伏隔核是感知快樂的最重要部位，被稱為幸福荷爾蒙的「多巴胺」會沿著神經系統流動。因此在看到喜歡的產品時，人會感到幸福和快樂。那麼接下來看到價格的時候，會發生什麼呢？看到價格比較貴時，感知生理性痛苦的腦島（Insula）部位就會活躍起來。也就是說人們會感受到痛苦。然後控制複雜思考過程的內側前額葉皮層（mesial prefrontal cortex）的活動會增加，決定

到底要不要購買這個產品。

用一句話來概括，看到產品會變得開心，看到價格會變得痛苦，之後經過一番苦惱決定要不要買。不過有趣的是，比起看到產品時感受到的快樂，看到價格時感受到的痛苦要更加強烈。實驗顯示，感受到痛苦比快樂的程度平均高 2～3 倍。也就是說，比起看到喜歡的產品時感受到的幸福，大腦在看到價格時感到的痛苦要更深。每次買東西付費的時候，大腦都能感受到痛苦，而當買東西付費反覆發生時，大腦就會反覆感受到這種痛苦。

因此大腦討厭像回轉壽司一樣重複地支付費用。因為回轉壽司是直接從面前拿一盤盤的食物，每次拿完食物把空盤放在一邊的時候，大腦都會意識到需要支付費用，消費者感受到的痛苦就會不斷放大。相反，信用卡會怎麼樣呢？在買東西的時候，並不會支付具體的費用，而是攢到下個月的結算日一次性支付。從買東西到支付的過程中，感受到了許多次快樂，而痛苦則被減少到了一次。這樣產生的總效用會更多，顧客也會購買更多的商品。

因此，從企業的立場來看，要想讓消費者更多地消費，就要增加消費者的快樂，減少消費者的痛苦。實際上，「美國線上（American Online）」把按小時收取網路服務費改成按月收費後，選擇美國線上的消費者數量大幅增加。韓國通信公司把按資料用量收費改成每月固定套餐費用後，消費者的使用量也大幅增加。這樣一來，消費者的大腦感受到的痛苦就會減少，而感受到的快樂會增加，因此會有更多的消費者選擇他們。

這種情感的「剪輯」會讓消費者自然而然地打開錢包。分享快樂情緒，只帶來一次痛苦。這就是大腦喜歡的費用支付方式。

請只寫一點

戀人之間經常出現這樣的對話。「親愛的，你愛我嗎？那你說說你愛我的 10 個理由。」但是如果你知道了下面這項研究的結果，可能就不會再這麼問你的戀人了。因為喜歡一個人時，比起 10 個理由來，只有一個理由時，會愛得更深。

如果你的優點有很多，可能記住自己有許多個優點更好一些。不過有些情況下，最好集中在一個優點的概念上。萬克（Wanke）、博納（Bohner）和喬科維奇（Jurkowitsch）[24] 做了一個清晰透徹的實驗，來解答這個疑問。研究團隊把受試者分為兩組，分別進行簡單的提問。

A 組：寫下 1 個你喜歡 BMW 汽車的原因。
B 組：寫下 10 個你喜歡 BMW 汽車的原因。

其他的條件完全相同，只有一點不同——寫下 1 個或者 10 個喜歡 BMW 汽車的原因。寫好原因以後，再讓每一組對 BMW 品牌的喜愛程度進行打分。究竟會出現什麼結果呢？

被要求寫一個理由的 A 組，對 BMW 的平均喜愛程度是 5.8 分，而被要求寫出 10 個理由的 B 組，喜愛程度是 4.2 分。其他條件完全相同，只有喜歡的理由個數不同，結果人們對品

牌的喜歡程度也出現了差異。

　　只要求寫出一個喜歡的理由時，受測者很容易就能想到。因為想出一個理由並不是件難事。比如說，人們可以輕鬆想到「喜歡 BMW 的設計」、「喜歡 BMW 的力量」、「BMW 是最棒的品牌」、「人人看到都覺得帥氣」等理由。但是要求寫出 10 個喜歡 BMW 的理由的話，受測者在完成時就會覺得有困難。因為一般來說，要想出一個品牌的十個優點並不容易。平均來看，人們想出三四個理由都是比較容易的，但是要想出更多就有困難了。其實，雖然要求他們想出 10 個理由，但實際上他們回答出來的理由不過有三四個。

　　這個寫理由的過程在以後會對人們對這個品牌的喜歡程度產生影響。只寫下一個理由的受測者形成一種評價，「是的，我就是因為這個原因喜歡 BMW 的」，他們對品牌的喜歡程度就會增加。與此相反，需要寫 10 個理由的一組，實際上只能找出三四個理由，他們會想到，自己喜歡 BMW 的原因並沒有想像中那麼多，結果對 BMW 的評價就會降低。

　　這項研究意味著什麼呢？比起傳遞很多積極的資訊來，更重要的是集中傳遞某一點容易記憶的資訊，這能夠更加有效地提高人們對該品牌的喜愛程度。這種決策特點叫做「可利用性法則（availabibity heuristic）」，注重的是便於記憶。人們的決定並沒有想像中那麼合理。因為他們想要用最少的付出獲得最好的效果。這時最常用的決策標準就是可利用性法則。向消費者傳遞太多的資訊，反而會產生相反的效果，因此只傳遞一兩種資訊會方便消費者記憶。

　　那麼相反，在詢問討厭某樣事物的原因時，會出現什麼效果呢？這一次，研究團隊讓實驗的受測者寫出「討厭 BMW 的原因」。

　　這一次的結果恰恰相反，被要求寫出 10 個理由的 B 組，對 BMW 的喜愛程度更高。被要求寫出一個討厭 BMW 的理由的 A 組，喜愛程度為 4.5 分，而被要求寫出 10 個理由的 B 組，喜愛程度為 5.7 分。只要求寫出一個討厭 BMW 的理由時，受測者會十分輕鬆地想到理由。「太貴」、「油耗太高」、「維護費太高」等等。所以人們對它的評價就會降低。但是要求寫出 10 個討厭 BMW 的理由時，受測者並不能順利完成這個題目，平均也只能想到三四個理由。因此，受測者會通過這個過程認識到，自己並沒有什麼理由去討厭 BMW，從而對 BMW 的喜愛程度會增加。這兩個研究的結果用一個圖表來表示，就是【圖表 59】。

圖表 59　列出 BMW 優缺點數量和對應的喜愛程度

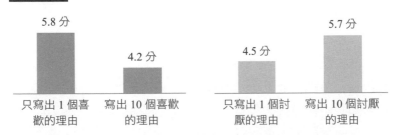

在加深人們對某個品牌的記憶時，重要的不是傳遞很多正面的資訊，而是傳達便於記憶的資訊。傳達得太多是沒用的。

因為消費者對認知資訊的處理能力是有限的,除了重要的某一點,對大部分的資訊處理都比較遲鈍。有人懷疑會不會是BMW 這個品牌有問題,才會出現這種結果。為此,研究人員還對賓士進行了研究。實驗結果一致,不論是開 BMW 還是開賓士,結果都是一樣的(【圖表 60】)。

圖表 60 列出賓士優缺點數量和對應的喜愛程度

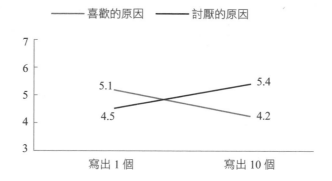

從結論來說,消費者對品牌並不會有很多記憶。重要的內容有一兩點就足夠了。

如果試圖傳遞品牌的很多屬性,反而會產生相反的效果。集中在一兩點上會更加有效。另外,比起內容本身來,大腦會更多地使用利用價值高的東西,這是大腦處理資訊的特點,所以讓消費者能夠迅速地想到品牌的優點十分重要。

從這個角度來看,成為某個類別中的典型是非常重要的。例如「聯邦快遞(Fedex)」是快遞郵件(包裹)市場的代表

性品牌。人們想要寄快遞的時候，首先就會自動想到聯邦快遞。因為利用價值高，十分方便記憶。搜尋引擎市場（search engine）的代表「谷歌」也是一樣，具有很高的利用價值。保濕市場的代表「凡士林（Vaseline）」、透明膠帶的代表「思高（Scotch）」等也是同樣。韓國也有很多這種品牌，例如紙巾的代名詞「舒潔（Kleenex）」、燒酒的代名詞「真露」等。因此，佔據某一特定市場的品牌都具有很高的利用價值。成為某一類別的代名詞後，就會很容易被記住，最終消費者選擇這個品牌的機率就會增加。

只要觀察 30 個人，就能找到答案

　　「連磚塊之間的縫隙也要描繪出來」——李奧納多·達文西曾這麼說。為了畫出更好的畫，他每天都要走出家門去觀察世界，發現世界，並用素描描繪出來。那麼什麼是觀察呢？按照詞典中的定義，就是認真地看。認真看就能發現以前看不到的東西。能看到之前一直沒能領悟的關鍵，能看到互不相干的事物之間的聯繫，然後就能發現一些東西。通過觀察突然發現的有意義的觀點，我們將之稱為「洞察」。通過觀察進行洞察，在行銷中被廣泛運用。

　　世界上最困難的事情就是把自己的想法放進別人的腦袋和把別人的錢放進自己的口袋。行銷就是在同時進行這兩件事情，因為他們必須要把本品牌具有的精神傳遞到消費者的腦袋裡，然後把消費者口袋裡的錢放進品牌的口袋裡。但是消費者並不是那麼容易被欺哄的。即使是觀察，也要觀察某些更有意

義的東西。可是要觀察消費者的哪些資訊，才能獲得想要的結果呢？我們需要觀察的就是消費者的缺乏品、痛苦、不安、變化和行為。只要觀察這五樣東西，就能讀東西消費者的心。

首先來看「缺乏品」。比起更好的東西來，人們更傾向於購買能夠解決當下缺乏的物品。因為首要是減少不適感。但重要的是，人們有時候並不能感覺到自己缺什麼，這叫做「潛在性缺乏」。只要能解決這種缺乏，消費者的需求自然就會增加。我們來看一個案例——「愛迪生學習筷」，這是解決我們生活中完全沒有意識到的需求的代表性案例。在韓國，沒有人不會用筷子。

但是想一想，我們剛開始學習使用筷子時，的確吃了很多苦。愛迪生學習筷的創始人是朴炳雲，有一次和 8 歲大的侄子一起吃飯，他偶然發現侄子學習用筷子很辛苦。他越觀察，越發現這是一種折磨，是人們的潛在需求，因此他下定決心解決這個問題。問題的關鍵在於兩根筷子相互分開，所以他把筷子的尾端用螺絲連接在一起，並在筷子上連接了可以伸進手指的指環，這樣就自然形成了拿筷子的姿勢。愛迪生學習筷在韓國國內和大部分海外國家都獲得了專利，並出口到海外。就這樣，朴炳雲通過觀察生活中的缺乏和不便之處，創造了價值。

第二點是「痛苦」。日本大阪一家專業文具企業「國譽（Kokuyo）」曾是一家小小的紙張商店，在開發出無針釘書機「Harinacs」後，發展成日本最頂級的文具企業。他們觀察到，人們在使用釘書機時，偶爾會被訂書針紮到手而飽受痛苦折磨，於是開始思索有沒有辦法防止這種情況，最後開發出了

不用訂書針的釘書機。這樣觀察別人的痛苦，是開發更好的產品和服務的重要起點。

「優衣庫（Uniqlo）」也是這樣。優衣庫的人氣產品就是可以發熱的「保暖內衣」。保暖內衣一上市就在韓國等東北亞地區受到熱烈歡迎。在保暖內衣的影響下，優衣庫 2012 年的年銷售額達到了 12 萬億韓元，純利潤達到 1 萬億韓元 ㉕，在全世界賣出了 3 億多件服裝。在 2008~2009 年美國雷曼兄弟破產事件後，全世界的消費者都面臨著經濟蕭條，優衣庫一直關注著這種情況。他們發現，更嚴重的並不是經濟蕭條，而是人們心理上的低迷。

簡單來說，人們感覺心裡冷。保暖內衣不僅具有物理上的發熱功能，還通過廣告宣傳心理上的保暖功能，對消費者來說，這種心理上的溫暖更有魅力，更能吸引人。面對能夠讓人身心都溫暖起來的保暖內衣，消費者最終打開了錢包。

下一個，我們需要思考的觀察物件是「不安」。不安是指人們對不明確的物件具有心理上的恐懼。觀察這一點能夠獲得有意義的結果，「現代汽車」的「失業補償制度項目」就是如此。2009 年 1 月，經濟蕭條導致失業者數量激增，現代汽車推出一項「失業者購買補償制度」，購買了現代汽車的人如果在一年以內失業，可以將汽車退給現代，現代企業將退回已付的車款。這個項目在當時的美國中產層消費者中極受歡迎，在 2009 年到 2010 年間對現代汽車的銷售額上漲產生了極大的影響。美國《華爾街日報》把現代汽車進行的「失業者購買補償制度」評為「2009 年度最佳廣告」，《紐約時報》也稱讚這

個項目是現代汽車行銷中最出色的政策。有趣的是，雖然這個項目讓現代汽車的銷售額激增，但實際上退款的汽車只有 350 輛左右。㉖ 這是名副其實的成果高、代價小。他們觀察到了消費者的不安，從而想到了這個創意。

第四個是「變化」。觀察世界上正在變化的東西。猛地一想，這似乎很困難，但是下定決心去做的話，就能夠輕易發現變化。單身一族的增加，銀髮老人的增加，香水市場的擴大，疲憊感的增加，孤獨感的增加，經濟低速增長的長期化等，即使不進行專門的研究，也能輕鬆地瞭解這些變化的方向。有一個典型案例，有人在單身一族增加的社會氛圍基礎上，生產了開發新市場的產品──「東部大宇電子」為單身一族開發的「壁掛式簡約洗衣機」。這款產品打破了現有新產品體積大、功能多的流行趨勢，為洗衣服較少的單身一族開發了體積小巧、功能簡單的產品。實際上，這款產品得到了極大的反響。這可以說是通過關注社會變化的趨勢製作出適當產物的實例。

最後一點是「行為」。要觀察消費者的行為。留心觀察消費者的使用行為，發現消費者自己都沒有意識到的不便之處、不滿意之處和故障矛盾的需求，找到消費者的需要並加以解決。一開始，索尼製作了「walkman」（隨身聽），並問周圍的人覺得這款產品怎麼樣，結果周圍的人全都反對。「誰會帶著放音機，一邊走路一邊聽呢？」這是大部分人的反應。但是索尼看到了 20 世紀的消費者逐漸喜歡更方便攜帶的小巧物品的趨勢。他們以洞察的視角觀察潮流。帶著這種確信，他們強行讓產品上市，終於一炮走紅。

「給公公家裡安一台鍋爐吧。」──慶東鍋爐的這句著名廣告詞，也是通過觀察消費者的行為得出來的。其實，製作這則廣告的人是廣告策劃師李江宇。他接受了慶東鍋爐的委託後，首先開始觀察產品的特點。但是和競爭產品「蟋蟀」、「林內」、「大成」等品牌相比，慶東鍋爐並沒有十分顯著的特點。所以苦惱了一番後，他決定仔細觀察購買鍋爐的人們。幾天的時間裡，他參觀了多家鍋爐銷售商，卻一直沒有想到特別好的創意。後來，他在傳統市場的一家鍋爐商店裡發現了一對新婚夫婦，他尾隨這對夫婦走進商店，偶然間聽到了他們的對話：

　　　「老公，天氣越來越冷了，咱們給住在鄉下的爸爸換一個鍋爐吧。」
　　　「好啊！爸爸一定會很高興！」

他聽到這對想要為住在鄉下的父母換鍋爐的孝順兒子兒媳的對話。普通人一定聽過這句話，於是他把這句話做成了廣告。很多人都記住了這則廣告，慶東鍋爐的銷售獲得了巨大的成功。

有一種理論叫做「中心極限定理（central limited theory）」。當某一事物數量達到 30 個左右時，其特點就會呈正態分佈。只要慢慢仔細觀察 30 個人的意見和反應，就能夠找到大部分人所缺乏的東西。尤其，韓國是一個相似性很強的國家，每個地區的潮流並不是完全不同，而是在追求同樣的趨

勢。如果是在美國，不僅人種不同，人們出生地所在的國家也十分多樣，因此必須要根據具體的市場單獨進行調查，但是韓國可以看做只有一個具體市場，所以調查 30 個人的意見就足夠了。只要認真調查這 30 個人，就能夠找到 99%的正確答案。在根據消費者的行為找到他們的缺乏後，要想確認消費者是不是真的缺乏這種東西，只要問 30 個人就夠了。問 30 個人，就能夠確認答案。

Writer's Talk

人變得像人是從提出第一個問題的時候開始的。

如果你想瞭解什麼，
如果你想實現什麼，
那就從提問開始吧。

〔附錄〕
獲得想要結果的自我實踐法 6 階段

第 1 階段 我的最終目標是什麼？

我想要達成 ＿＿＿＿＿＿＿＿＿＿＿＿＿＿＿＿＿＿＿ 的目標。

第 2 階段 為了實現最終目標，我每天需要完成的具體行動
目標是什麼？

具體的行為目標 ① ＿＿＿＿＿＿＿＿＿＿＿＿＿＿＿＿＿
具體的行為目標 ② ＿＿＿＿＿＿＿＿＿＿＿＿＿＿＿＿＿
具體的行為目標 ③ ＿＿＿＿＿＿＿＿＿＿＿＿＿＿＿＿＿

第 3 階段 在進行具體的行為目標時，預想到的問題有什麼？如果出現這個問題，應該如何應對？

預想問題 ① _____

→對應方案 _____

預想問題 ② _____

→對應方案 _____

第 4 階段 每天按照目標去做。這時要跟自己約定認真履行，並進行記錄和回饋。

・**跟自己約定**

我跟自己約定，要完成 _____ 目標。

・**自我記錄**

我應該怎麼記錄是否每天都進行了具體的行為呢？

_____

・**自我回饋**

在完成每一個目標後，我要如何獎勵自己呢？

_____

如果沒有完成一個目標，我要如何懲罰自己呢？

_____

第 5 階段 事情是否按照計畫進行？有什麼問題？如何解
決？

發現的問題 ① _____

→對應方案 _____

_____

發現的問題 ② _____

→對應方案 _____

_____

發現的問題 ③ _____

→對應方案 _____

_____

第 6 階段 是否實現了最終目標？

《具體行為記錄表》

＿＿＿＿月＿＿＿＿日＿＿＿＿星期

時間	計畫行為	實際行為	評價（3 分滿分）
6 點			
7 點			
8 點			
9 點			
10 點			
11 點			
12 點			
13 點			
14 點			
15 點			
16 點			
17 點			
18 點			
19 點			
20 點			
21 點			
22 點			
23 點			
24 點			

*以上行為平均進行 66 天左右，獲得想要結果的機率就會增加。

參考文獻

第一部分

1 http://www.quirkology.com/UK/Experiment_resolution.shtml

2 Langer, E.J., Djikic, M., Pirson, M., Madenci, A., Donahue, R. (2010). Believing is seeing: using mindlessness (mindfully) to improve visual acuity, Psychological Science. 21, 661666.

3 Gail Tom, Paul Pettersen, Teresa Lau, Trevor Burton, Jim Cook (1991). The Role of Overt Head Movement in the Formation of Affect, Basic and Applied Social Psychology, 12(3), pp.281-289.

4 Daniel j. Howard (1990). The Influence of Verbal Response to Common Greetings on Compliance Behavior: The Foot-In-The-Mouth Effect, Journal of Applied Social Psychology, Volume 20, Issue 14, pp.1185-1196.

5 Sébastien Meineri, Nicolas Guéguen (2008). An Application of the Foot-in-the-Door Strategy in the Environmental Field, European Journal of Social Sciences, pp.71-74.

6 Cara Feinberg (2010). The Mindfulness Chronicles, Harvard Magazine. (http://harvardmagazine.com/2010/09/the-mindfulness-chronicles)

7   Angela K. y. Leung, Suntae Kim, Evan Polman, Laysee Ong, Lin Qiu, Jack A. Goncalo, Jeffrey SanchezBurks (2012). Embodied metaphors and Creation acts, Psychological Science, 502509.

8   John Jecker, David Landy (1969). Liking a person as a Function of Doing Him a Favor, Human Relations, pp.371-378

9   J. Freedman, S.C. Fraser (1966). Compliance without Pressure; The Foot in the Door Technique, Journal ol Personality and Social Psychology, pp.155-202

10 Kathleen D. Vohs, Yajin Wang, Francesca Gino, Michael I. Norton, Rituals Enhance Consumption, Psychological Science. working paper.

11 鄭智華, '[野稿部]we are the world', 每日新聞, 2013.11.27.

12 羅伯特‧恰爾蒂尼（Robert Cialdini），《說服的心理學（Yes! : 50 scientifically proven ways to be persuasive）》, 21 世紀 books, p.66

13 Dennis T. Regan (1971). Effects of a Favor and Liking on Compliance, Journal of Experimental Social Psychology 7, pp.627-639

14 Oettingen, Gabriele; Pak, Hyeon-ju Schnetter, Karoline (2001). Self-regulation of goal-setting: Turning free fantasies about the future into binding goals, Journal of Personality and Social Psychology, Vol 80(5), pp.736-753.

15 Bandura, A. (1988). Self-regulation of motivation and action through goal systems. In V. Hamilton, G. H. Bower, & N. H.

Frijida (Eds.), Cognitive perspectives on emotion and motivation, pp.37-61, Dordrecht, Netherlands: Kluwer Academic.

16 Phillippa Lally, Cornelia H. M. Van Jaarsveld, Henry W. W. Potts, Jane Wardle (2010). How are habits formed: Modelling habit formation in the real world, European Journal of Psychology, Eur. J. Soc. Psychol. 40, pp.998-1009.

17 Verplanken, B., Orbell, S. (2003). Reflections on past behavior: A self-report index of habit strength. Journal of Applied Social Psychology, 33.

第二部分

1 Mark R. Lepper, D. Greene and R.E. Nisbett (1973). Understanding children's intrinsic interest which extrinsic reward :A test of the over justification hypothesis. JPSP, pp.129-137.

2 Dan Ariely, Uri Gneezy, George Loewenstein, Nina Mazar (2009). Large Stakes and Big Mistakes, Review of Economic studies, 76, pp.451-469.

3 Roland G. Fryer, Jr, Steven D. Levitt, John A. List, Sally Sadoff (2013). Enhancing the Efficacy of Teacher Incentives through Loss Aversion: A Field Experiment, working paper.

4 Park, Jun, Macinnis (2000). Choosing Want Versus Rejecting What I Do Not Want: An Application of Decision Framing to Product Option Choice Decisions, Journal of Marketing Research, 187 May, pp.187-202.

5 羅伯特・恰爾蒂尼（Robert Cialdini），《說服的心理學（Yes!: 50 scientifically proven ways to be persuasive）》，21 世紀 books，p.344

6 Wegner, D.W., D.J. Schneider (1987). Paradoxical Effects of Thought Suppression, Journal of Personality and Social Psychology, 53(1), pp.5-13.

7 Brehm S.S., Weintraub, M. (1977). Physical Barriers and Psychological Reactance: Two-year-oldriers and Psychological Reactance: Two-year-old53(1),87-202.n of Decision Framing to P 75, No. 1, pp.33-52.

8 Claudia M. Mueller, Carol S. Dweck (1998). Praise for Intelligence Can Undermine Children's Motivation and Performance, Journal of Personality and Social Psychology, Vol. 75, No. 1, pp.33-52.

9 Adam Grant, Elizabeth Campbell, Grace Chen, Keenan Cottone, David Lapedis, Karen Lee (2007). Impact and the art of motivation maintenance: The eVects of contact with beneWciaries on persistence behavior, Science Direct, pp.53-67.

10 Ran Kivetz, Oleg Urminsky, Yuhuang Zheng (2006). The Goal-Gradient Hypothesis Resurrected: Purchase Acceleration, Illusionary Goal Progress, and Customer Retention. Journal of Marketing Research: February 2006, Vol. 43, No. 1, pp.39-58.

11 高承延，「如何突破成果主義的界限」，每日經濟，2011.9.16

12 Gardner, H.K. (2012). Performance pressure as a double-

edged sword: Enhancing team motivation but undermining the use of team knowledge, Administrative Science Quarterly, vol. 57, no. 1: pp.1-46.

13 Sheena S. Iyengar, Mark R. Lepper (2000). When Choice is Demotivating: Can One Desire Too Much of a Good Thing?, Journal of Personality and Social Psychology, pp.995-1006.

14 Murray R. Barrick, Michael K. Mount, Timothy A. Judg (2001). Personality and Performance at the Beginning of the New Millennium: What Do We Know and Where Do We Go Next?, International Journal of Selection And Assessment, pp.9-30.

15 Adam M. Grant (2013). Rethinking the Extraverted Sales Ideal: The Ambivert Advantage, Psychological Science, pp.1024-1030.

16 Nate Boaz, John Murnane, Kevin Nufffer (2010). The basics of business-to-business sales success, Mckinsey & Company Insights & Publications. (http://www.mckinesy.com/insights/marketing_sales/the_basics_of_business-to-business_sales_success)

17 Leaf Van Boven, Thomas Gilovich (2003). To Do or to Have? That Is the Question, Journal of Personality and Social Psychology, pp.1193-1202.

18 Jayati Sinha, Jing Wang (2013). How Time Horizon Perceptions and Relationship Deficits Affect Impulsive Consumption, Journal of Marketing Research, vol. 50, no. 5, October, pp.590-605.

19 McGlone MS1, Tofighbakhsh J. (2000), Birds of a feather

flock conjointly: rhyme as reason in aphorisms, Psychological Science, pp.424-428.

20 Francesca Gino, Cassie Mogilner (2014). Time, Money, and Morality, Psychological Science, 25, pp.414-421.

21 Aaker, Rudd, Mogilner (2011); DeVoe, Pfeffer (2007, 2010, 2011); Mogilner (2010); Zauberman, Lynch (2005).

22 Liu, D., Liao, H., Loi, R (2012). The dark side of leadership: A three-level investigation of the cascading effect of abusive supervision on employee creativity, Academy of Management Journal, vol. 55. no.5, pp.1187-1212.

23 Alegre, R. Chiva, Technovation (2008). Assessing the impact of organizational learning capability on product innovation performance: An empirical test, Technovation, pp.315-326.

24 D. Minbaeva, T. Pedersen, J. Bjorkman, CF Fey, JH Park (2003). MNC knowledge transfer, subsidiary absorptive capacity and HRM, Journal of International Business Studies, 34, pp.586-599.

25 Aaron C. Kay,a, S. Christian Wheeler, John A. Bargh, Lee Rossa (2004). Material priming: The influence of mundane physical objects on situational construal and competitive behavioral choice, Organizational Behavior and Human Decision Processes 95, pp.83-96.

26 Jennifer R. Steele, Nalini Ambady (2006). 「Math is Hard!」 The eVect of gender priming on women's attitudes, Journal of Experimental Social Psychology, pp.428-436.

第三部分

1　Chad A. Higgins, Timothy A. Judge (2004). The Effect of Applicant Influence Tactics on Recruiter Perceptions of Fit and Hiring Recommendations: A Field Study, Journal of Applied Psychology, Vol. 89, No. 4, pp.622-632.

2　Jones, E. E., Gordon, E.M. (1972). Timing of self-disclosure and its effects on personal attraction, Journal of Personality and Social Psychology, December, 24(3), pp.358-365.

3　Kipling D. Williams, Martin J. Bourgeois, Robert T. Croyle (1993). The Effects of Stealing Thunder in Criminal and Civil Trials, Law & Human Behavior, Vol. 17, pp.597-609.

4　Tim Emswiller, Kay Deaux, Jerry E. Willits (1971). Similarity, Sex, and Requests for Small Favors, Journal of Applied Social Psychology, pp.284-291.

5　Joseph Forgas (1976). An Unobtrusive Study of Reactions to National Stereotypes, Journal of Social Psychology, pp.37-42.

6　Rick B. van Baaren, Rob W. Holland, Bregje Steenaert, Ad van Knippenberg, (2003). Mimicry for money: Behavioral consequences of imitation, Journal of Experimental Social Psychology 39, pp.393-398.

7　Randy Garner (2005). What's In A Name? Persuasion Perhaps, Journal of Consumer Psychology, 15(2), pp.108-116.

8　Jeannette M. Haviland-Jones (2011). Smell of Success: Scents Affect Thoughts, Behaviors Psychological Science in the News, June 17.

9　http://www.livescience.com/14635-impression-smell-thoughts-behavior-flowers.html

10 Schifferstein HNJ et al (2011). Can ambient scent enhance the nightlife experience? Chemosensory Perception; DOI 10.1007/s12078-011-9088-2.

11 Cialdini, R.B., Vincent, J.E., Lewis, S.K., Catalan, J., Wheeler, D., Darby, B.L. (1975). Reciprocal Concessions Procedure for Inducing Compliance: The door-in the face Technique. JPSP, 1975, pp.206-215.

12 Stapel D.A. (2004). Blanton H. From seeing to being: subliminal social comparisons affect implicit and explicit self-evaluations, Journal of Personality and Social Psychology, October, 87(4), pp.468-481.

13 Kwanho Suk, Jiheon Lee, Donald R. Lichtenstein (2012). The Influence of Price Presentation Order on Consumer Choice, Journal of Marketing Research, pp.708-717.

14 Ibrahim Senay, Dolores Albarracín, Kenji Noguchi (2010). Motivating Goal-Directed Behavior Through Introspective Self-Talk; The Role of the Interrogative Form of Simple Future Tense, Psychological Science, 21(4), pp.499-504.

15 Raymond S. Nickerson (1998). Confirmation Bias: A Ubiquitous Phenomenon in Many Guises, Review of General Psychology, pp.175-220.

16 Sam Harris, Jonas T. Kaplan, Ashley Curiel, Susan Y. Bookheimer, Marco Iacoboni, Mark S. Cohen (2010). The Neural Correlates of Religious and Nonreligious Belief.

17 http://www.youtube.com/watch?v=gEDaCIDvj6I

18 Neeru Paharia, Anat Keinan, Jill Avery, Juliet B. Schor (2011). The Underdog Effect: The Marketing of Disadvantage and

Determination through Brand Biography, Journal of Consumer Research, pp.775-790.

19 Yael Steinhart, Ziv Carmon, Yaacov Trope (2013). Warnings of Adverse Side Effects Can Backfire Over Time, Psychology Science, 24(9), pp.1842-1847.

20 Crystal C. Hall, Lynn Ariss, Alexander Todorov (2007). The illusion of knowledge: When more information reduces accuracy and increases confidence, Organizational Behavior and Human Decision Processes, pp.277-290.

21 Thaler, R., A. Tversky, D. Kahnman, A. Schwartz (1997). The Effect of Myopia and Loss Aversion on Risk Taking: An Experimental Test, Quarterly Journal of Economics, pp.647-661.

22 Brad M. Barber, Terrance Odean (2011). Boys Will Be Boys: Gender, Overconfidence, And Common Stock Investment, Quarterly Journal Of Economics, pp.261-292.

23 Brian Knutson, Scott Rick, G. Elliott Wimmer, Drazen Prelec, George Loewenstein (2007). Neural Predictors of Purchases, Neuron 53, pp.147-156.

24 Wanke, Bohner, Jurkowitsch (1977). There Are Many Reasons To Drive A BMW: Does Imagined Ease Of Argument Generation Influence Attitudes?, Journal Of Consumer Research. Vol. 24, Septemper, pp.170-177.

25 金少晶,「優衣庫靠保暖內衣贏得暴利……韓國市場的『拳頭產品』」,韓國經濟,2013.1.11.

26 李振碩,「現代汽車,美國取消失業者購買補償制度」,朝鮮 biz,2011.3.30.

國家圖書館出版品預行編目資料

肯定會有更好的答案：創造最佳結果的具體方法，申丙澈
著，李會卿譯 -- 初版 -- 新北市：新視野 New Vision, 2018. 02
　　冊；　　公分 --（view; 3）
　　　ISBN 978-986-94435-2-4（平裝）

1. 自我肯定　2. 成功法

177.2　　　　　　　　　　　　　　　　　106024513

View 03

肯定會有更好的答案：創造最佳結果的具體方法

作　　者　申丙澈
譯　　者　李會卿
出　　版　新視野 New Vision
製　　作　新潮社文化事業有限公司
　　　　　電話 02-8666-5711
　　　　　傳真 02-8666-5833
　　　　　E-mail：service@xcsbook.com.tw
印前作業　菩薩蠻數位文化有限公司
印刷作業　福霖印刷有限公司

總 經 銷　聯合發行股份有限公司
　　　　　新北市新店區寶橋路 235 巷 6 弄 6 號 2F
　　　　　電話 02-2917-8022
　　　　　傳真 02-2915-6275

初　　版　2018 年 2 月